森琴石と歩く大阪

明治の市内名所案内

熊田司・伊藤純編

東方出版

森琴石と歩く大阪

――明治の市内名所案内

大阪名所独案内

精緻極まる銅版挿絵

古本屋の片隅に、和本のひと山が積まれていたりする。たいていは薄汚れて手にするのもためらうが、思いがけずに美しい小さな本を見つけることも多い。開くと細かい字がびっしりと詰まり、きれいな挿絵があったりする。明治初期の銅版本である。目立たないところに、「大阪南本町響泉堂刻」とか「大阪梅檀木響泉堂銅刻」とか記してあれば、それは明治南画の大家森琴石《もりきんせき》の若い頃の仕事である。有馬に生まれ、大阪に住んで幕末から大正時代まで活躍した琴石は、文展(文部省美術展覧会、今日の日展につらなる)の審査員にまで上りつめた、明治大阪画壇を代表する画家である。しかし明治十年代には、地図や種々の書物の挿絵から本文まで銅版で製版印刷する、名高い銅版画師「響泉堂」でもあった。

響泉堂森琴石の、おそらく七、八十は下らない銅版書物の仕事のなかで、最も美しいもののひとつが、これから紹介する『大阪名所独《ひとり》案内』である。横長の和本二冊はちょうどポケットに入る小ささで(当時は着物の袖に入れた、したがって袖珍本《しゅうちんぼん》という)、手軽な大阪名所のハンドブックとなっている。市街地を、「中央之地」を起点に「東之方」から時計回りに「東北之方」まで歩きながら、名橋や神社仏閣、開化の象徴である学校や工場、名勝や遊廓に至るまで、順次紹介してゆくという趣向である。それらの沿革と現状、見どころなどを簡潔に記す本文に、虫眼鏡を使わないと見えないほど精緻極まりない銅版画挿絵を百枚以上も添えた、まさに掌中の珠とも称すべき名所案内である。本文を書いたのは伴源平《ばんげんぺい》という人で、これは筆名であろうが、「松痴散士」という別号を見ても、相当にしゃれっ気のある人物だったようだ。明治十年代にいくつかの書物(どれも銅版刷のミニ本である)を著したという以外に、あまりよく経歴は分からない。

しかし、なんといってもこの本の魅力は銅版挿絵であろう。虫眼鏡でのぞくと、細かい線の密な集合に彫琢された明治の大阪風物が浮び上がり、まるで白黒映画のようなほの暗さが広がる。のぞいているのがルーペではなく、タイムスリップを可能とさせる魔法の望遠鏡ででもあるかのように。それは人気なく静かなデジャヴュの街、と思いきや二十一世紀の今日まで面影を残している場所もちらほらと眼につく。一方、今では跡形もなく忘れられてしまった名所も少なくはない。往来の車の騒音がちょっとうるさいし、ごちゃごちゃと無秩序なビルもじゃまではあるが、この書を懐中（こころの懐中）に留めて街に出てみよう。すると思いも寄らぬ角々に、古くも新しい名所風景が見えてくるかもしれない。（熊）

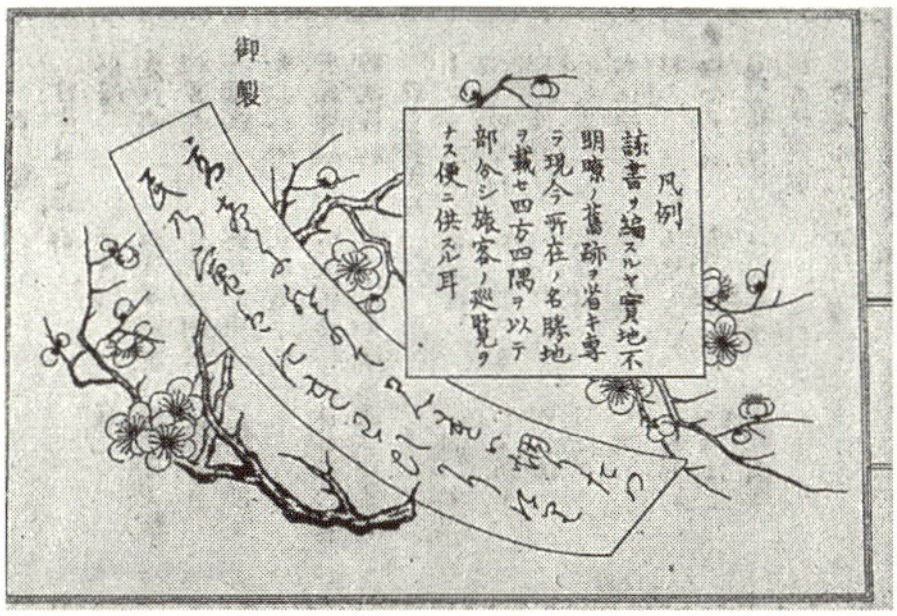

凡例

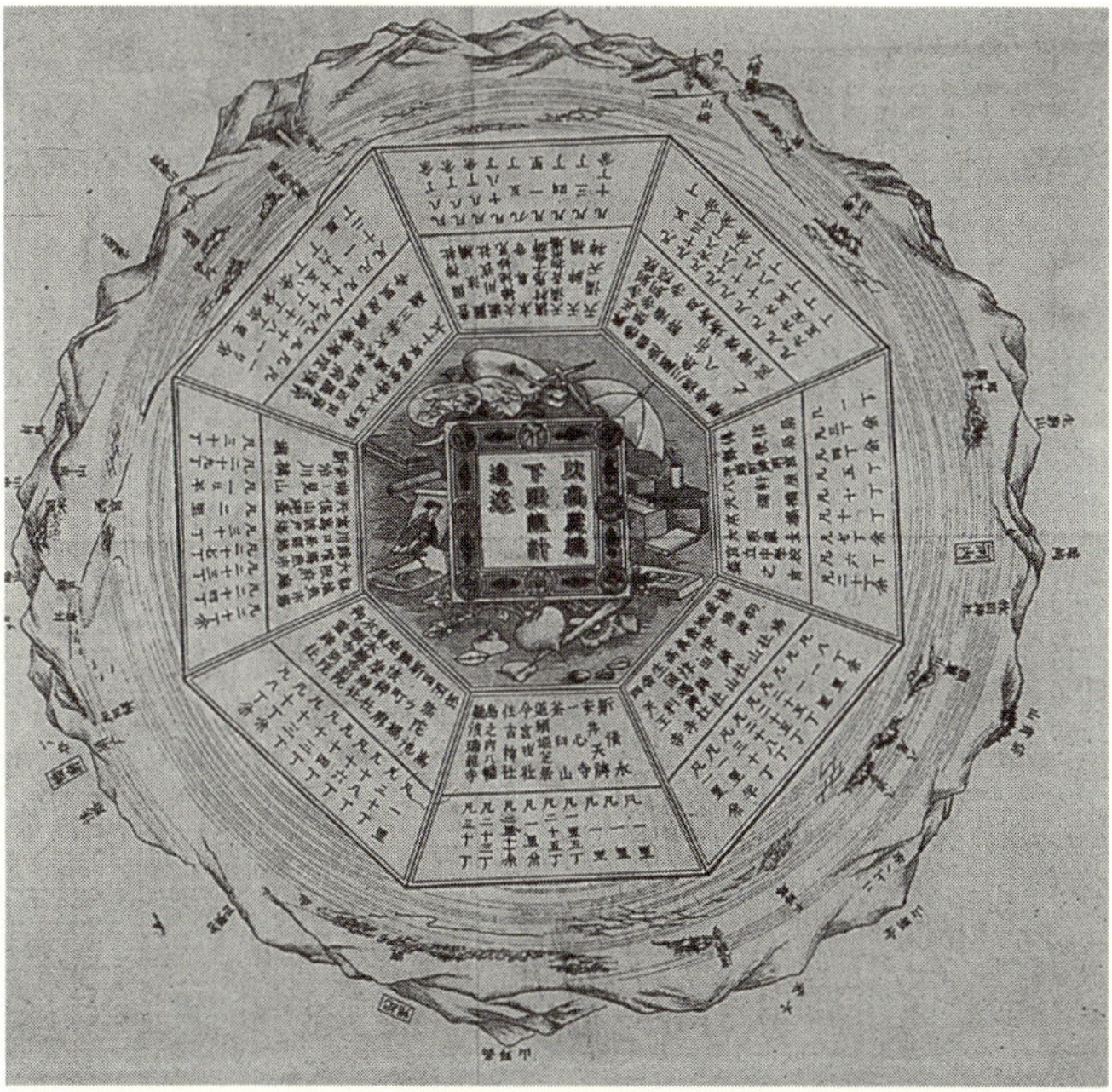

附図「以高麗橋下距離計遠近」

❶………「中央之地」
❷………「東之方」
❸………「南之方」一
❹・❺…「南之方」二
❻………「西之方」一
❼………「西之方」二
❽………「東北之方」

森琴石と歩く大阪

――明治の市内名所案内

◆目次

「南之方」二

「西之方」一

「西之方」二

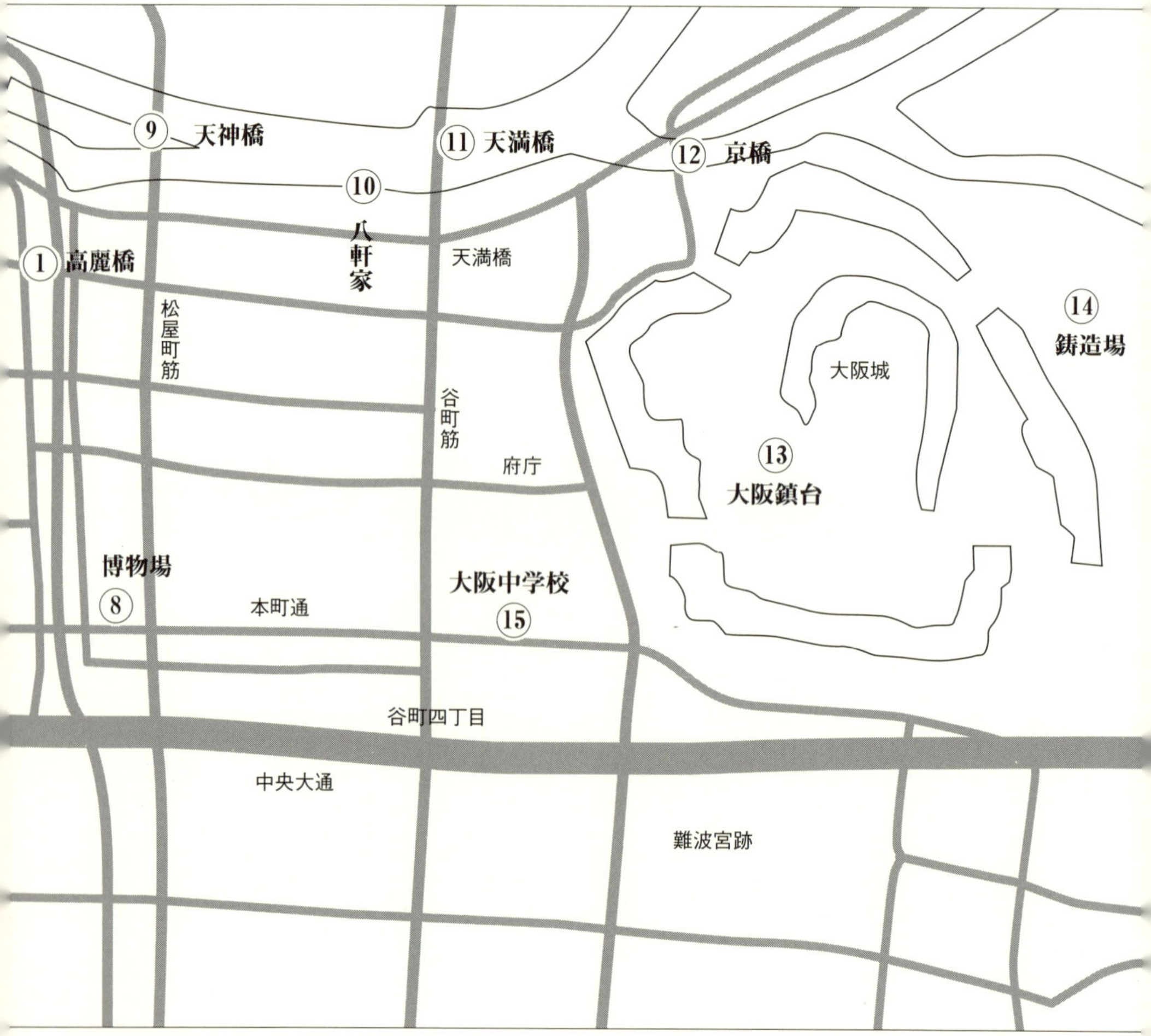

⑨ 天神橋
⑪ 天満橋
⑫ 京橋
⑩
八軒家
① 高麗橋
天満橋
松屋町筋
谷町筋
府庁
⑭ 鋳造場
大阪城
⑬ 大阪鎮台
博物場
⑧
大阪中学校
⑮
本町通
谷町四丁目
中央大通
難波宮跡

「中央之地」

淀屋橋
北浜
四つ橋筋
御堂筋
御霊神社
2
神宮教会所
3
堺筋
靭公園
なにわ筋
4
北御堂
本町
堺筋本町
坐摩神社
6
5
南御堂
7
難波神社

1 高麗橋

重々しくも繊細な構造

「屋上屋を架す」とは無駄なこと、無用なことのたとえであるが、「橋上橋を架す」というのはどうであろう。東横堀川の上に高速中央環状線ができてずいぶん時間がたった。モータリゼーションのためには有用であったし、第一上の高速橋は川への架橋とは直交するから、無駄にはあたらないとの声が上がるに違いない。もっともである。

しかし、名橋を列ねた東横堀川の上を、素っ気ない機能一点張りの高速橋が蓋をしてしまったことは、やはり景観上好ましいことではない。

高麗橋は、数ある東横堀川の橋の中でも、名橋中の名橋であった。今を去る四百年前、慶長年間にはすでに立派な擬宝珠《ぎぼし》を持つ橋になっていたという。

江戸時代、公儀橋十二橋のひとつとして、西詰には幕府の布令を掲げる高札場があり、罪人のさらし場も設けられた。大坂城と船場を東西に直結する高麗橋筋は、三井呉服店（今の三越）や両替商、扇屋などが軒を並べて繁華な街並みを形成した。なによりも高麗橋が重要視されたのは、西日本の街道の起点だったからで、明治改元後の九（一八七六）年には里程元標が東詰に設置された。『大阪名所独案内』の冒頭にも、ここを基準に八方の名所への里程を記す八角形の図（三頁参照）がある。

琴石描く開化情調の鉄橋は、明治三年にイギリスの商社が請け負って架けたものである。総鉄製の黒々とした光沢を、ガス灯がこうこうと照らす大阪初の鉄橋の壮観は当時の人々を驚かせ、「くろがね橋」の愛称で親しまれて昭和初年まで使用された。心なしか夕暮れ模様の空を高く描き、行き交う人々がかいま見える鉄橋は重々しく静まるようであるが、エッフェル塔よりも早い初期の鋼鉄建造物は、思いの外繊細でレース模様のような構造を見せている。西方市内の眺望は開

けて、未だ高い建物もほとんど見えない。
　眼をひくのは城の櫓のような建物である。これは画面の外に双子のような別の一基があり、矢倉屋敷と称され江戸時代から高麗橋筋の両側にそびえていた。高麗橋名所矢倉屋敷は明治中期まで二基が揃い、一基は大正時代まで残存したというが、今は幻。失われた明治十年代の記憶の街である。
（熊）

2 神宮教会所　伊勢神宮の遥拝所

中央区平野町三丁目の心斎橋筋と丼池筋の間の駐車場の地にあった神宮教の布教所で、江戸時代の大坂の町政の中心だった北組惣会所の跡地に明治十五（一八八二）年頃に建てられ、明治の中頃まで伊勢神宮の遥拝所となっていた。

神宮教は伊勢神宮の神官が中心となって興した教派神道の一派で、後の神宮奉斎会の前身。名残を示すものは今は何もないが、最近まで「堺卯」という料亭があり、その片隅に北組惣会所跡の石碑が建っていた。しかし、数年前に「堺卯」が閉店し取り壊され、残念ながら石碑も失われてしまった。

伊勢神宮への参拝は、自分の住む町から外へ出ることが限られていた江戸時代の人々にとっては、一生のうちの一大事だった。町のあちこちに伊勢講という組織がつくられ、参拝のための資金を皆で集め、一年に一度、講から数名が代表として伊勢まで詣《もう》でた。

大坂の町でも例外ではなく、東へ向かう街道の起点となったJR玉造駅東の二軒茶屋のあたりは、伊勢講を代表して伊勢神宮へ参詣する人と、それを見送る人たちで溢れ、この光景は明治の中頃まで見られたという。しかし、実際に伊勢神宮まで参詣できるのはごく限られた人で、一生に一度機会がまわってくればいい方だったかもしれない。そこで、遠方からでも実際に参詣したのと同じご利益が得られるようにと、遥拝所が設けられたのである。

江戸時代の伊勢神宮の遥拝所としては、中央区農人橋二丁目の松屋町筋東にあった上人屋敷が知られている。室町時代に伊勢神宮の再建に貢献のあった慶光院清順ゆかりの屋敷で、敷地の中に建てられた拝殿から伊勢に向かって遥拝する人々で賑わっていた。

しかし、明治の中頃になると、国家神道に組み込まれた神社とはならなかったためか、次第に衰えてしまう。これに対して神宮教は伊勢講の組織を取り込みながら、神宮暦の頒布を通して活発に布教を行っていく。神宮教会所はこの上人屋敷にかわって、伊勢への遥拝所として大阪の町の人々に受け入れられたようで、当時の賑わいがうかがい知れる。（慎）

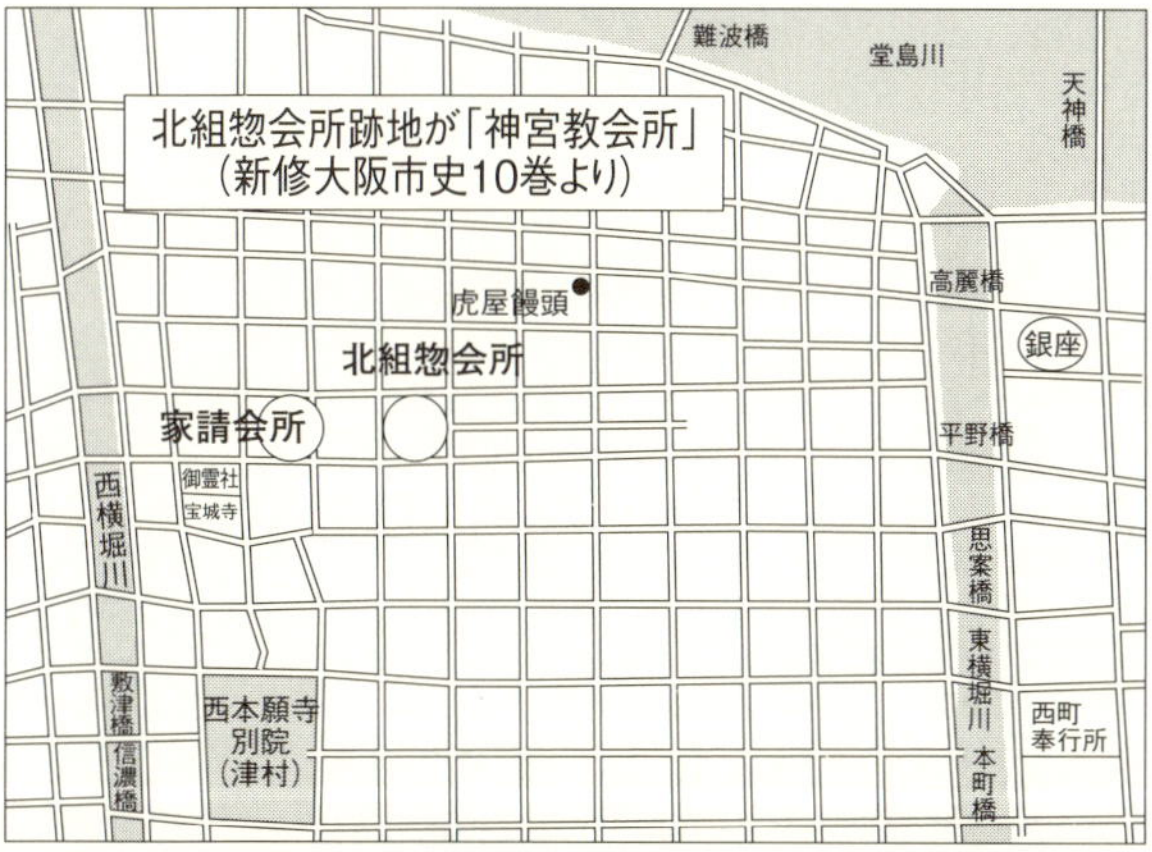

3 御霊神社　地元産土神信仰の中心

今回は中央区淡路町四丁目に鎮座する御霊神社を散策してみよう。御堂筋を淀屋橋駅から南へ、さらにガスビルの南側通りを西へ。左手に社《やしろ》が見える。凜《りん》とした空気と行き交う車の騒音がミスマッチ。関西経済の真ん中にこのような社があるとは誰も思わないだろう。

西国三十三カ所霊場巡りにならって寛文年間（一六六一～一六七三）に成立した大坂三十三カ所最後の札所として現在でも篤い信仰を集めている。御霊神社の氏子域は、船場・愛日・中之島・土佐堀・江戸堀・京町堀・靭・阿波堀・阿波座・薩摩堀・立売堀・長堀の西部および南北堀江の西部を範囲として、地元の産土《うぶすな》神《がみ》として信仰の中心となっている。

現在オフィスビルの谷間となってしまったが、その創建は古い。伝承によれば、八十島《やそしま》祭《まつり》の祭場が圓江《つぶらえ》で行われたことにはじまるという。祭神の一柱である津布良彦神・津布良媛神は産土として地名に由来している。それを証すように古くは新御霊、円江《つぶらえ》の御霊と称されていた。この地が上町台地の西に位置し、深く入り込んだ大阪湾の入り江に立地していたことを想像することは今日では容易ではない。

元和五（一六一九）年、当地一帯が幕府の直轄地となってから、大坂三郷の中心地となり市中の崇敬を集めた。そうしたことから御霊神社は書物によく紹介される。さらにこの社を有名にしたのが文化三（一八〇六）年に境内で興行された操り芝居「玉藻前」であり、文政六（一八二三）年に行われた女義太夫の興行である。この伝統は明治になると境内に隣接して文楽座の開場につながり、大正十五（一九二六）年に消失するまで御霊文楽として大阪市民に愛された。

かつては六月十七日が例祭であり、神輿が大川を船で下り、西区下博労町の御旅所まで渡御していた。天神祭にみられる船渡御同様の祭礼であったことを知る方は少ないであろう。現在は七月十六日に宵宮、十七日に神輿渡御が催行され、法被姿の氏子の方々にまじってサラリーマンや働く女性の姿も見かける。

御霊神社を描いた森琴石。町の変化をどこまで想像できただろう。すでに明治は遠い時代になったのだろうか。（明）

4　本願寺別院（北御堂）

信仰拠点で町の文化サロン

大阪の町には三つの御堂があった。本願寺派の北御堂、大谷派の南御堂、そして天満の興正寺御堂。興正寺御堂は今はないが、北御堂と南御堂は、御堂筋の西側で堂々とした寺観を誇っている。中でも北御堂は、寺地が御堂筋よりかなり高く、そこにそびえる大きな本堂には圧倒される。現在の建物は第二次世界大戦後のものだが、高い寺地は江戸時代からの伝統を受け継いでいる。

享保十九（一七三四）年に、幕府の支援を受けて四方八方から集められた石材で三メートルを越える高台が築かれ、そこに巨大な本堂が建てられた。森琴石が訪ねた際の建物は、この時のもの。今の町並みの中でさえ、北御堂の景観は威容だが、高い建物の少なかった江戸時代や明治の初めには、さぞかし強烈な存在感を示していたことだろう。

御堂という建物は大坂の町衆にとって、それを望む場所に屋敷を構えることが誇りであった、というほど重要な意味を持っていた。大坂（石山）本願寺の寺内町が大坂の町の原型となったように、真宗教団と大坂の町は深くかかわっている。

江戸時代には、大坂の町中に寺を構えることは禁じられていたが、真宗の場合、寺地への課税と引き替えに特別に建立が許されていた。御堂はその真宗教団の信仰の拠点であり、それだけでなく、大坂の町の文化サロンでもあった。

御堂の寺務を維持運営する御堂衆は、大坂周辺の有力寺院の知的エリートたちで構成され、連歌などを介して町衆との交流が行われていた。また、御堂は幕府と町衆との公的な会議場ともなっていたのである。ここで毎年十月に催される住民台帳の点検会議は、町衆の自治の意気を示す大きな舞台だった。

幕府と町衆が対峙する重要な会議が行われる場所

に、町の会所でも幕府の奉行所でもなく御堂が選ばれたことは、この建物が大坂の町の中で、時に政治的な枠をも越える特別な空間であったことを示している。

北御堂の寺地の高さは、御堂が大坂の歴史の上で果たした役割の重みを、今も強く主張している。（慎）

5 本願寺別院（南御堂）

壮観な巨大屋根の本堂

御堂は大阪の町を象徴する建物のひとつである。北御堂と同様、南御堂の建物は第二次世界大戦後に再建されたものだが、広い境内に立つ大きな本堂は壮観である。戦前までは境内に松をはじめとする様々な樹木が生い茂り、その中に正徳三（一七一三）年に完成した、松の御堂と呼ばれる大きな瓦屋根の本堂がそびえていた。

北御堂・南御堂がある現在の御堂筋の西側は、豊臣時代の城下町の西端にあたり、寺町が築かれていたところと考えられている。江戸時代に入ると、ここにあった寺々は現在の天王寺区下寺町へ移り、町衆が暮らし商売を営む町へと変貌をとげていく。

御堂はそこに寺地を占め、新しい町の中核となっていった。御堂の見えるところに住むことは大坂の町衆には大きな誇りだった。特に商人にとっては、御堂の大きな瓦屋根のそばで店を営むことは社会的成功を示すことだった。御堂では年中絶え間なく法会や講話などが催され、そこには周囲に店を構える商人やその家族たちが頻繁に訪れ、町衆たちの交流の場ともなっていた。

南御堂を囲む石組は、豊臣大坂城の石垣に用いられた切石を転用したものと伝えている。その北西の角のところには、石垣をくり抜いた洞窟状の通路があり、穴門と呼ばれていた。現在はもうないが、森琴石が訪ねた時には残っていたようである。

切石の壁が冷たく風通しもよかったためか、涼しさを求める人で賑わったという。そのうちここで西瓜を売るものも現われ、暑さを避けながら西瓜を食べることが風物となった。「穴門の西瓜」として落語の題材にとりあげられるほどで、『摂津名所図会大成』のような地誌にまで名所として記されている。

寺社の境内にある洞窟が霊験あらたかな信仰の対象

になることはよく聞くが、町衆が集う天然のクーラー的な存在で、ファーストフードとして西瓜が売られていたとはほほえましい。大阪の中心に位置し、商人たちの交流の場でもあった南御堂にふさわしい名所だったのかもしれない。

（慎）

6　坐摩神社

船場発祥の地のひとつ

坐摩神社のあるあたりは東隣の東本願寺難波別院、通称南御堂や、その南にある難波神社などとともに一種の宗教街区を形成している。そのため今でも大阪の中心部にありながら落ち着いた雰囲気をつくっている地区である。坐摩神社を含むこれらの社寺は、秀吉の大坂築城の際にここに移されたり、創建されたもので、森琴石が見た頃には今と変らない場所にあった。

神社仏閣は宗教施設であると同時に多くの人の集まるところでもあり、その門前には参拝客を相手に商売をする者や、芸能者が集まってきたのは言うまでもない。ましてや大阪の真ん中にあればなおさらのことで、江戸時代からこの坐摩神社の社前にも物売りや見世物が多く集まっていた。

なかでも「古着屋軒を並べ坐摩の古手屋とて名高し」と、ものの本に記されたように、古着屋が多く集まり賑わっていたようである。現代でも、アメリカなどの海外から輸入されたものをはじめ古着は若者の間で人気であるが、違う意味で当時古着は人々に必要なものであった。この古着屋街は後に船場が繊維の街として発展するきっかけのひとつとなるもので、いわば船場発祥の地とも言えよう。

現在は南船場として若者の注目を浴びる一角だが、かつての賑わいを感じさせるものではなく、冒頭でも触れたようにむしろ落ち着いたたたずまいを見せる街となっている。しかしその気風はまったく失われた訳ではないようだ。

近年、南船場に店舗を構える洋服店や飲食店の若手経営者たちが中心となって南船場文化祭を開催しようとした際、彼らの求めに応じて坐摩神社境内の使用が許可された。数日のことだったが、模擬店やバンド演奏の舞台がつくられ、若者たちで賑わったことは記憶に新しいところ。

そう考えてあたりを見回すと、流行の街、若者の街と呼ばれる南船場は、今でも昔と変らない坐摩神社の門前なのかもしれない。古いいわれを意味なく大切に言い振れ回るより、歴史のなかで培われた土地と人々の関係が今でも生きていることに感動を覚える。森琴石の時代の古着屋が船場に活力を与えたように、現代のブティック街は大阪の最先端を走り続けている。

（菅）

7 難波神社

大坂築城で現在地に移転

「御堂筋をまっすぐ行って、難波神社のところを曲がって一本目の筋を……」。南船場界隈の飲食店に行く時、乗り込んだタクシーでの決まり文句である。そのくらい難波神社はあのあたりのランドマークとなっている。

しかし、難波というにはだいぶ北で、もはや本町に近く、その名前をいぶかる人も多いと思うが、この神社の歴史はかなり古く、長い間平野《ひらの》にあったものが秀吉の大坂築城の際に現在の場所に移り、その地名から上難波《かみなんば》神社と称されたという。その後明治八（一八七五）年には現在の社名になっているので、森琴石が見た明治十五年には今と同じ難波神社と呼ばれていたはずである。

かつて、その境内にあって難波神社そのものより有名だったのが末社の稲荷神社、通称博労《ばくろう》稲荷である。江戸時代の稲荷信仰の隆盛にともないその門前も大いに賑わったといい、現代であればさしずめタクシーに告げるのは「博労稲荷の角を……」といった具合であったに違いない。

そこでひときわ賑わっていたのが現在まで続く人形浄瑠璃文楽座のもととなる稲荷社文楽座であった。この植村文楽軒の始めた文楽座は、江戸時代の文化八（一八一一）年から断続的に続き、明治四年に西区松島に移るまでこの地にあったという。

文楽座が移った後、明治十七年、その前年に旗揚げした反文楽軒派の「いなり彦六座」がこの境内に移ってきた。その後約十年あまり続いたこの一座の看板は、豊澤団平と三代目大隅太夫という明治期を代表する名人たちであり、一時は松島の文楽座をしのぐほどの勢いだったと言われている。

どちらにしろ人形浄瑠璃と縁の深い博労稲荷（難波神社）ではあるが、ここに描かれた明治十五年は両座

の交代期にあたり、境内には人形浄瑠璃の小屋はなく、幾分寂しいものであったに違いない。
人形浄瑠璃の盛衰を見てきた当時の難波神社本殿は昭和二十（一九四五）年三月の空襲で焼失し、三十年近く仮本殿であったが、昭和四十九年に現在の本殿が建立され、今見る姿となった。

（菅）

8 博物場

各地の物産や工芸品を紹介

難波神社（前項）から東へ船場を横断し、東横堀川に架かる本町橋をわたると、北側に堂々たる長屋門が見えてくる。旧幕時代の西町奉行所の跡だ。明治八（一八七五）年にその建物を転用し、大阪博物場が開設された。長屋門はその入り口である。「博物場」とはいかなる施設か？『大阪名所独案内』に記された「平常《つね》は二銭」の入場料を払い、門をくぐろう。

場内は広く「支那欧米海外諸国の珍奇物、本邦古製の器財の類ひ、故人の墨跡、南北宗の画、新発明の器械、鉱物、動物」や巧拙を競った「現今製造の商品」が並んでいる。殖産興業のため、各地の物産や美術工芸品を紹介する拠点に設けられたのが博物場であった。「百物室内に充満し」と『大阪名所独案内』が自慢する言葉づかいにも明治らしい気概がにじむ。

さらに明治十一年、博物場は府立教育博物館を併合し、具体的にモノによって世界を知る教育施設になった。「往昔を懐ひて智識を増す」ための「古物見品場」や能舞台があるほか、室外には四時《しじ》の草木が植えられ、動物の檻も並んだ。盆地には水上《みずあげ》機関（噴水かポンプ？）もある。現代なら見本市会場のインテックスを中心に、博物館、美術館、動物園、植物園、舞台、公園など文化施設がミックスされた状態である。

「明治十七年、守住《もりずみ》貫魚《つらな》らと大阪絵画品評会を結成、ここで展覧会を開きました」と、われらが琴石画伯も語るはずである。明治二十一年には場内に専門の美術館も竣工した。この美術館を飾った龍・鳳凰の天井画は現在、枚方の関西医科大学の講堂に保存されているが、その巨大さは圧倒的だ。

博物場に集中した多彩な施設はやがて独立して、この地から巣立っていった。一大スペクタルが大正三（一九一四）年の動物園の移転だ。新築なった天王寺動物園に百八十点の動物が輸送されたなか、象の「団《だん》平《ぺい》」だけ天王寺まで歩くことになった。それも深夜だ。しかし、なかなか動こうとしない。サーカス出身の芸象なので、木遣《きや》り音頭を歌ってみると、はじめて歩き出し、深夜の松屋町筋は見物で賑わった。

「博物場」はその後、商品陳列所と名を変えたが、大正十一年の印刷文化展覧会では、二十日間に二十万人が入場するなど盛況であったという。今は付近には大阪産業創造館やシティプラザ大阪が出来ている。「浪華のことは夢のまた夢」といった誰ぞの言葉がうかんでくる。

（橋）

東横堀側から見た博物場

9 天神橋

天神祭での賑わい昔と同じ

前面に枝を張る柳の樹幹の向こうに、多くの橋脚を連ねる長大な木造橋が横たわる。空の反射に白々と光る河面には小舟も見え、渡船場であろうか、風呂敷包みを背負う人影が一人たたずむ。後ろ向きの人物の眼が見やる往く手はどこなのだろう。そして、高い空に雁行する渡りの鳥が目指す異国とは……。

いかにも日本情趣あふれる景観ではあるが、そこはかとない異国情調の風が吹き込んでくる。異国渡りのものの見方「遠近法」や精緻な「銅版」術によって描出された図中であればこそである。

「大川筋（淀川ノ下流）に架れる四大橋（川崎橋天満橋天神橋難波橋ヲ称テ云）の中魁なる木造の大橋」と『大阪名所独案内』に紹介された天神橋である。四大橋というよりも、今日では川崎橋を除いて浪華の三大橋と呼ばれることの方が多いが、その最大の橋が天神橋であった。

そして明治十八（一八八五）年の大洪水で流されるまで、度重なる洪水や大火に破壊されながら、改築に改築を重ねてこの木造の大橋は三百年近くの歳月を架橋してきた。幕府が直轄する公儀橋という位置づけながら、その名から容易に想像されるように歴史的に大阪天満宮との関わりが深く、橋の北詰にほど近い天満宮の夏祭「天神祭」の船渡御には、この橋からの見物客で賑わったこと、今と昔とそんなに変わりがない。

森琴石が描いた天神橋は、近世の長閑なたたずまいを見せる木橋時代掉尾の肖像だったのである。明治十八年の三月に刊行された『新版大阪細見全図』には、製版者である響泉堂森琴石が「長百二十二間三尺幅三間」との注記を流失直前の天神橋に書き加えている。

大洪水の後、紆余曲折を経て天神橋が近代的鉄橋に架け替えられたのは明治二十一年である。大橋の伝統を継承して長大なスパンを誇るこの鉄橋は、やや無骨ながら、アーチ形・台形のトラス橋が交互に連なるという変わった意匠が愛されて、織田一磨や池田遙邨らの画題となった。

昭和九（一九三四）年、再び天神橋は装いを新たにして現在の姿となる。激増する通行量を受容し、かつ安全を確保するという橋の機能は格段に充実したが、なぜかその姿は白っぽく風景の中に拡散して、記憶の町から消えてゆきそうである。

（熊）

10　八軒家

京都結ぶ水運の発着所

現代の私たちにとって、移動手段といえば鉄道、自動車、飛行機などが主たるものとなっている。しかし、数百万年前に人類が誕生して以来、鉄道網が発達する以前、琴石の生きた明治の中頃までは、自らの脚が最大の移動手段であった。また、物を運ぶには少量なら体に負うが、大量の物は船を用い、海・川の水を伝って運んでいた。

ここ八軒家、天満橋から天神橋までの大川の左岸は、大坂と京伏見を結ぶ船運の発着場所であった。周辺に八軒の旅宿があったことから八軒家と言われるようになった。

幕府公認の三十石（米三十石相当の積載能力の船、一石は一八〇リットル）が物と人を載せ、大坂と京を行き交った。乗客定員二十八人、船頭四人、伏見から大坂へ下るのは流れにのるので半日か半夜、大坂から京へは川の流れに逆らうので一日か一晩がかりであった。

最盛期の享保七（一七二二）年には往来する船は七百四十を数えた。これだけの大動脈となると、これを目当てにした物売りも盛んであった。枚方あたりの「食らわんか、食らわんか」と食事を売りに来たのは〈くらわんか船〉。森の石松の「鮨くいねえ」の舞台となったのも三十石の船上らしい。公認の船だけではなく野崎参りなど、川筋を小回りする船も八軒家を発着場としていた。

明治三（一八七〇）年に蒸気船が就航し、それまで主役を演じていた三十石は次第に衰退していった。明治三十年の頃には十一艘が運行しており、上等が二十銭、下等が十五銭、文明開化の蒸気船でも下りは三時間半、上りとなると六時間を要した。

明治九年に大阪―京都間に鉄道が開通し、蒸気船も時の流れの中で消えていった。だが、鉄道の開通後であっても船便はまた別の利点があった。すなわち、夜八軒家の船に乗ると、京伏見に着くのは早朝で、仕事なり旅なり、一日の時間をフルに使えたため、鉄道の開通後もそれなりに船の需要があったのである。（伊）

八軒家船着場の碑

11　天満橋

「機密情報」行き交う橋

橋上橋を架す「天満重ね橋」が昭和四十五（一九七〇）年に完成し、その南詰には前年オープンしたばかりの市内初の高層ビル、大阪マーチャンダイズマートがそびえ立つ……。高度成長期日本の誇りであったピカピカの街。今となってはちょっとレトロな懐旧の思いすらするが、それが今日も変わらぬ天満橋界隈の風情である。

しかし、さらに百年さかのぼって明治初年当時も、この街周辺は文明開化と富国強兵の黒光りする先端工業都市だった、というと思い半ばに過ぐるものがある。明治三（一八七〇）年大阪城の東側に造兵司、後の大阪砲兵工廠が設けられ、最初はもっぱら大砲・弾丸を製造したが、後には鉄橋化される天満・天神両橋の部材等も生産する大工場となる。翌四年には、橋の北詰にほど近い川崎に造幣局が偉容を現し、現在に至るまで営みを続けている。貨幣の鋳造は言うに及ばず、明治時代には未熟な民間工業の牽引車として硫酸・ソーダなど化学薬品まで生産した。

そうした、いわば後の「東洋のマンチェスター」のさきがけとなる工業の街を背景として、江戸時代初めから長い年月を貫いてきた、大阪第二の規模を誇る一本の木橋。明治二十一年に鉄橋に架け替えられるまで、天満橋もやはり木橋であり続けた。そして、そこを幕末期には南詰の東町奉行所に通う与力・同心が渡り、改元後には明治の役人や軍人が往来したことであろう。

ただ、天満橋の長い歴史のなかで橋が二本になった時期が少なくとも二回ある。そのひとつは冒頭にふれた現在の「重ね橋」、そして今ひとつが琴石描くこの天満橋である。明治十一年の架橋から洪水に流されるまでわずか七年の間、大川と旧大和川との合流点に築かれた導流堤「将棊島」を介して、最後の木造橋は南北二つの弧を描いていた。堤に下りることもできたらしく、橋に戻ろうとする開化の乗物人力車の危なげな後ろ姿が見える。橋の欄干の上に造幣局の洋館屋根がのぞき、高い煙突から煙がたなびいている。
そして欄干の上に立てられた一列の電信柱、まっすぐな二本の電信線がやや異様に空を切り裂くのが印象的だ。人を通すばかりの橋ではなく、二つの国策工場の機密情報が行き交う橋だったのではないかとの想像もふくらんでくる。

（熊）

12

京橋

京街道、大和街道の起点

京阪電車とJR環状線・学研都市線・東西線、地下鉄長堀鶴見緑地線が交錯する賑やかな乗換え駅、それを取り巻くショッピングモールや飲食店街の活気あふれる人波、そして南の大阪城側に出ると高層ビルが林立するOBP。京橋というとすぐに想起される今日の街のイメージである。しかし、地名の由来となったはずの「京橋」はどこにあるのだろう。

この街を東西に流れる寝屋川にいくつも橋が架かるが、それらしい橋は見つからない、と思いきやずっと下流にやっと「京橋」の名が見つかった。街としてはむしろ天満橋と言った方が通りがよい日本経済新聞社脇に、「京橋」は今も健在である。しかし、まったく目立たぬ感じで見落としてしまいそうだ。

その名が物語るように、かつてこの橋は京都に通ずる京街道の起点であり、大和街道の起点も兼ねる重要な橋であった。豊臣氏の大坂城時代から、すでに北の玄関口として存していたと考えられている。江戸時代は擬宝珠を備えた公儀橋として、最長時には百メートルを超える規模を誇ったという。ところが相次ぐ河川改修などにより、現在は長さが半分程度のひっそりした橋となってしまった。それでも琴石が描いた当時は未だ華やかな面影を残していたらしく、『大阪名所独案内』の著者伴源平は「木製美観の橋梁なり」と評している。琴石の絵も、この美観を表現することに主眼を置いたようだ。

城門の石垣や白壁、甍が美しい大阪城京橋口から、優美な弧を描いて都への道を架橋する木造橋の橋桁や欄干の描写も細かく、しっとりとした風情を醸しだす。同時代の錦絵に見る木造橋のスケール感あふれる俯瞰描写に比べると、洋画風の視覚を根底に置いた琴石の描写は控えめなスナップであるが、橋の立体的な構築性をしっかりと捉えている。

さて、松並木に抱かれたこの古城址・古橋の景観のなかでちょっぴり違和感を憶えるのは、何か通信アンテナらしきものを垂直に立てる四角い建物である。鎮

台とも呼ばれた大阪城の陸軍施設でもあろうか。そこだけが、明治国家の秘密の匂いを醸しだす少々奇妙なスポットとなっている。（熊）

13 大阪鎮台

日本軍隊の中枢の地

大阪城は国内だけでなく世界各地からもたくさんの人が訪れ、平和的な公園として親しまれている。公園の中心である大阪城がここに立地しているのは、上町台地が重要な歴史の舞台となってきたからである。

今日では上町台地は街の中のコブのような存在となっているが、数千年前までは現在の大阪の平地部はほとんどが海の中だった。上町台地は、内陸に深く入り込んだ大阪湾に、南から突き出た半島だった。

七世紀後半から八世紀、ここには難波宮が置かれた。シルクロードや中国の文化は、海続きの道で難波の地に到着し、ここから奈良の都へと運ばれていったのである。

都が京都へ移った後も、難波の地には外国からの使節を接待する鴻臚館《こうろ》という施設が置かれ、外交の表舞台となっていた。

浄土真宗の蓮如上人が、石山と言われていたこの地に隠居所を建てたのが明応五（一四九六）年のこと。この隠居所が後に一大勢力となり天下を揺り動かす石山（大坂）本願寺に成長していく。

天下を統一した豊臣秀吉が大坂城を築城したことにより、大坂の地は現在まで続く経済・文化の中心地となる。

しかし、慶長二十（一六一五）年の大坂夏の陣によって城は焼け落ちる。天守閣が復興するのは寛永六（一六二九）年。復興した天守閣も寛文五（一六六五）年に落雷で焼失してしまう。さらに幕末には慶応四（一八六八）年の鳥羽伏見の戦いで城内は焼亡してしまう。

焼け野原となってしまった大阪城の跡地だが、明治の新政府がほっておくはずがない。すぐさま日本陸軍の中心地となっていく。兵学寮青年学舎（士官学校の前身）や軍医学校など次々に軍隊の施設がつくられ、

明治四（一八七一）年には鎮台が置かれる。
大阪の鎮台は山城・大和・河内・和泉・摂津・紀伊・丹波・播磨・備前・美作の各地を直轄した。ここに至って大阪城は、日本の軍隊の中枢の地となったのである。
森琴石の見たのは現在のような平和な大阪城公園ではなく、明治の日本が世界へ向けて激走していた時の大阪城だった。（伊）

14 鋳造場

大砲などの兵器生産

明治新政府は明治三（一八七〇）年に「造兵司」を置き、いち早く大阪城を軍の拠点とした。この「造兵司」は「造幣局」「堺紡績」と並ぶ新政府直営の工場だった。

新政府は国防上の必要から、海岸砲や兵器の国内自給を急いでいた。このため当初造兵司では、徳川幕府が経営していた長崎製鉄所から機械と工人を移し、火砲・車台・弾丸・火具などの製作を行った。

明治五年、造兵司は大砲製造所と改称される。この年、国産の銅を用いてフランス式の山砲を初めて製作したが、弾丸の材料はまだ外国産だったという。

明治七年、イギリス領事が本国に送った報告には、大阪の兵器工場ではあらゆる種類の兵器が生産されており、それらは外国の物を模して見事に仕上げられ、外国人の監督の援助を受けずに、すべて日本人の職工の手によって行われている、とある。わずか一、二年間で技術が急速に向上したことがうかがえる。

明治八年には砲兵第二方面内砲兵支廠、十二年には大阪砲兵工廠と改称される。森琴石が見たのは正式には、大阪砲兵工廠という名称の軍事工場であった。砲兵工廠では鋳造の鉄砲も製造していたので「鋳造場」と通称されていたのだろう。

『大阪名所独案内』の記述には、大砲や小銃、其他諸器を鋳造製作する官の工場であって、ここにたくさんの人が働いていたとある。資料によればここに働く男子の職工の数は、明治十一年＝千百九十一人、同十二年＝六百四十七人、同十三年＝千五十五人と、かなりの数である。

「鋳造場」で技術を習得した後、民間へ移る者もあり、先端技術の伝習といった面でも大きな役割を果たしていたといえよう。

ＪＲ東西線の開通とともに消えてしまった片町線

は、四條畷―片町間を結んで明治二十八年に開通した。起点の「片町駅」は北に流れる大川の水運と結び、巨大な軍事工場「鋳造場」への、貨物を中心にした玄関口となる。（伊）

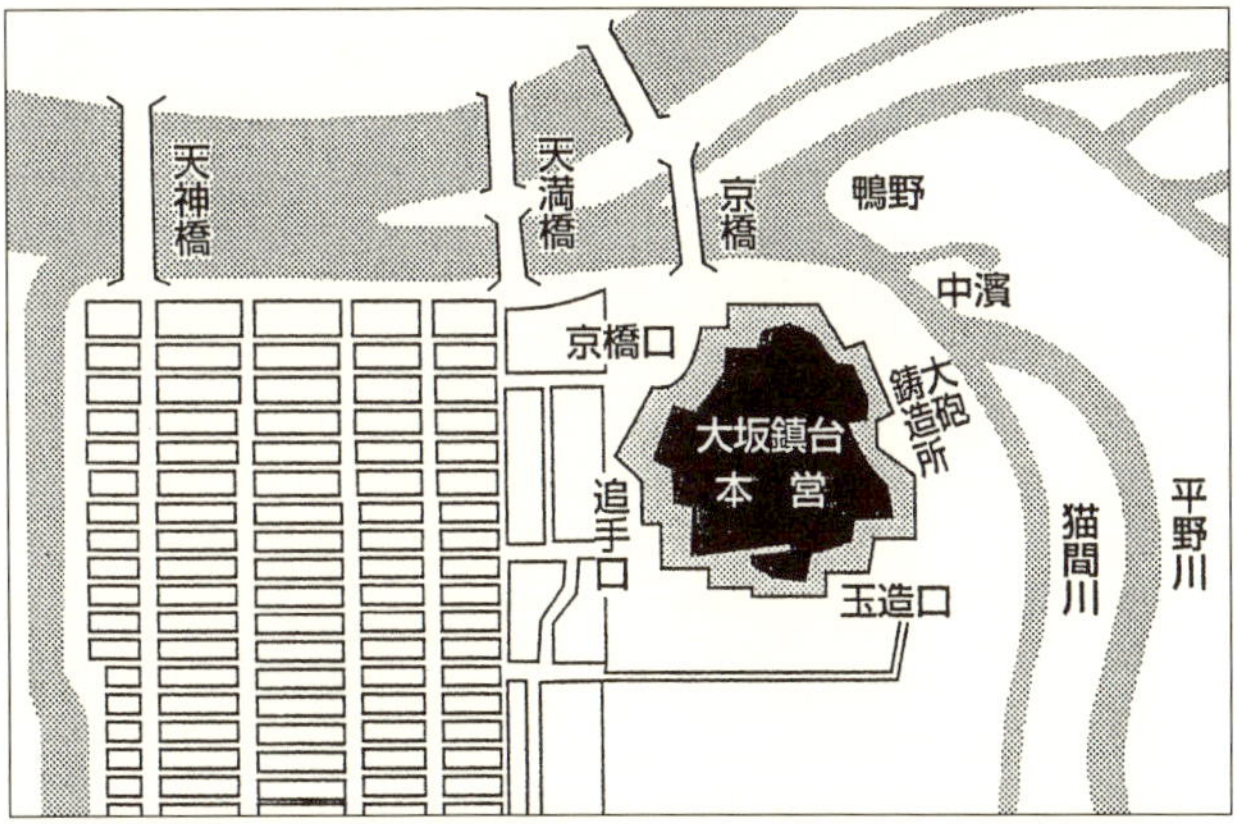

森琴石が見た当時の鋳造場周辺（『新選大阪市中細見全図』より）

15 大阪中学校

明治前期の舎密局が源流

近代の中学といえば、いわゆる旧制中学（現在の高等学校）を思い浮かべるだろう。明治十五（一八八二）年当時、大阪には大阪府中学校（現在の北野高校）が中之島にあった。しかし、『大阪名所独案内』には「鎮台ノ西大手筋北ニアリ」とある。鎮台は大阪城にあったので、場所が違う。

実は、この大阪中学校というのは旧制中学ではなく、まったく別系統の明治二年開校の大阪舎密《せいみ》局を源流とする学校である。「舎密」とはオランダ語で化学を意味するケミーの音訳である。舎密局は、オランダ人化学者・医師のハラタマが教頭としてその教育に尽力した。舎密局は、文字通り化学などの理科系の諸学問だけでなく、文科系の諸学問も扱う総合大学を構想していたようである。

舎密局は翌年理学所と名称変更した後、大阪洋学校と合併し、大阪開成所となった。その後も、第四大学区第一番中学、開明学校、大阪外国語学校、大阪英語学校、大阪専門学校と名前を変え、明治十三年に大阪中学校となった。さらに明治十八年に大学分校、十九年に第三高等中学校と変わった。

第三高等中学校は明治二十二年に大阪を離れ、京都の吉田に移転した。後の第三高等学校で、京都大学の教養部・総合人間学部へとその系譜はつながっていく。移転に際し、時の校長は「抑々大阪ノ地タル、品物ノ富、運輸ノ便、四通八達固ヨリ関西ノ要衝ニ当ルト雖モ、是事業ヲ作興スルノ地ニシテ人材ヲ教育スルノ域ニ非サルナリ」と演説したという。

現在、大阪城公園の西南、大阪府警察本部と大阪歴史博物館との間の本町通の坂道を少し下ると、舎密局当時からあるという樟樹の木陰に「舎密局跡」の碑とハラタマの胸像が建っており、往時をしのぶことができる。

近代的な学校制度がまだ定まらない時期に、大阪中学校に連なる学校は、紆余曲折を経ながらも関西の高等教育を担ったのである。日本最初の公立大学である大阪商科大学が創設されるのは、第三高等中学校の京都移転から三十九年後の昭和三（一九二八）年のことである。

（八）

中央大通
森ノ宮
上町筋
⑯ 豊津稲荷神社
二軒茶屋
長堀通
⑰
⑱
玉造
三柱神社
㉑
桃畑
大阪環状線
⑲
梅屋敷
玉造筋
千日前通
産湯の清水
⑳
上本町
近鉄
鶴橋
平野川
今里筋
桃谷
舎利寺
㉒

「東之方」

16 豊津稲荷神社

民衆のエネルギーが集結

豊津稲荷、一般には玉造稲荷の名称で知られる神社である。

社伝では、垂仁天皇十八年（西暦に換算すると紀元前二年、考古学では弥生時代中期となる）に勧請《かんじょう》されたとある。各地に点在するお稲荷さんは、京都の伏見稲荷（和銅四＝七一一年）から分霊を勧請して始まったとされるが、ここ玉造稲荷は伏見稲荷よりも創建が古く、それが誇りとなっている。

用明天皇二（五八七）年に外来の仏教の受け入れをめぐって、聖徳太子は仏教反対派の物部守屋と争った。太子は当社で栗の白木を土中にさして戦勝祈願を行った。願いがかなったので玉作岡を栗岡山と呼ぶようになったという。最初に四天王寺を建立したのもこの玉造の地と伝えられる。

その後、当社は一時大和に遷るが、嘉暦元（一三二六）年に栗岡山に再び遷ってくる。栗岡山を豊津とも称していたことから、豊津稲荷神社となったらしい。

江戸時代、天下泰平とされる寛政年間（一七八九～一八〇一）の頃「砂持ち」という集団行動が始まった。砂持ちとは東横堀川の川ざらえで出た土砂を真田山の近辺に積み置き、玉造稲荷の氏子たちがこの土砂を境内の低い所に運び込み、お宮の地を清浄にするという労働奉仕であった。この奉仕作業が段々と派手になり、揃いの浴衣とお囃子で、上町、船場、島の内をはじめ、色街からも大勢の人が出て、老若男女なく群がって砂を運ぶ様子は「前代未聞の一奇事」となった。これに驚いたお上は「玉造への砂持ちは今日限り。従わぬ者は召し捕る」というお触れを、一度ならず二度も出したそうである。

また、伊勢への参宮が爆発的に流行した「おかげ参り」に参加する人々は、玉造稲荷を出発地とした。集まった人々は境内で気勢をあげ、東へ深江街道から暗

峠を越え、奈良から三輪を経て伊勢へ向かう約百七十キロの道をたどった。

明治の初め森琴石の頃には、七月の夏祭り、十月の秋祭りともに賑わったが、とりわけ二月の初午の祭りは「参詣人、殊に群集す」という状況であったという。

「砂持ち」や「おかげ参り」のような、為政者の脅威となった民衆のエネルギーが、この地に集中したことがあったなど、今日の静かな境内からはまったく想像できない。

（伊）

17　二軒茶屋　お伊勢参りの出発点

お伊勢参りに行くなら、現在では近鉄電車に乗って行くのが普通だろう。しかし、江戸時代にはもちろん徒歩であった。

大阪市内、長堀通りの北側に安堂寺橋通りがある。道幅も広く、脇道として通行量も多い。しかも、古い家並みが残っていることに気づく。この道を東へ行くと、奈良・伊勢へと通じる道（暗越奈良街道）につながっていたのである。安堂寺橋通りを東へ行くと、玉造に着く。このあたりは、平野《ひらの》へ通じる道もあったので、平野口とも言う。

ここまでが大坂市中であった。現在、大阪環状線のガードをくぐってしばらく東へ行くと、「二軒茶屋跡」の碑が建っている。街道沿いに二軒の茶店があったのである。

『大阪名所独案内』を見てみよう。道の手前に橋があり、その向こうの道の両側に茶店と思われる建物がある。橋の名は黒門橋。大坂城の東を流れる猫間川に架かっていた。黒門とは、豊臣時代の大坂城の玉造門（黒塗りであった）がこの場所にあったと伝えられることからその名がついた。

記録によると、長さ一間一尺八寸（約二・五メートル）・幅一間半八寸五分（約三・二メートル）という。まさに大坂の東の出入口だったわけである。

『摂津名所図会大成』には「花咲そむる頃より伊勢参宮の鹿島立を見送る駅路の馬のはなむけや、暫時わかれの酒宴に酔て出るあり入来あり、（中略）遊興渡世さまざまに雅俗貴賤の差別なく四時往来絶ずして何れも此に足を休る繁昌の茶店なり」と記されている。茶店の名は、つる屋と庄屋（後に、ます屋）。

二軒茶屋を出て街道を東へ進むと、菅笠《すげがさ》で有名な深江村を通る。旅人は茶店で見送りの人と別れを惜しみ、菅笠を買って旅支度を調えたのである。その先に

は、暗峠の急坂が待ち構えていた。

安堂寺橋通りや二軒茶屋跡からの街道筋は、昔の面影を残して、道標なども残っているところがある。また、暗峠越えの道は今日でもちょうど良いハイキングコースとなっている。だが、この道は、れっきとした国道三〇八号線であり、昔からの幹線道路なのである。

（八）

18 三柱神社（三光神社）

中風封じの神様

天王寺区の宰相山公園にあり、一般には三光神社の名称で知られている。

仁徳天皇、天照大神、月読命、素盞嗚命を祀る。社伝によれば、寛文元（一六六一）年に南東方向にある鎌八幡の隣に遷り、その後宝永三（一七〇六）年に再び現在の地に戻ったという。古くは日月山神社とも、現社地が姫山であったことから姫山神社とも言ったらしい。

三光神社の名称についていくつかの辞書は次のように説明している。明治四十一（一九〇八）年に陸奥国青麻の三光宮の分霊を勧請・合祀した。三光宮は俗に中風封じの神として有名だったので、多くの老人が参拝し、三光さんと呼ばれているうちに三光神社となったとある（『大阪史蹟辞典』）。

しかし、この『大阪名所独案内』（明治十五年）には「三柱神社……世は三光宮と称す。当社は陸前国宮城郡青麻に在せる神を遷し祀る處にて、此神を崇信なせば中風の病難を免ずると言い伝えて、歩を運ぶもの多し」とあり、明治の初めにすでに三柱、あるいは三光神社と言われていたことが分かる。

以下は、三柱あるいは三光神社についての私の憶説。古くに日月山神社とよばれていたことがカギになる。日と月と山の三つの神さまで三柱の神社。三柱の神が日と月と星の三つの光に転じて三光神社とも呼ばれたのではなかろうか。明治十五年以前に陸奥国の三光宮が勧請されており、これが中風除けの神であることから、参拝者が増加していったのだろう。

日月星、「ひー・つき・ほし」これが「ホーホケキョ」に通じ、三光鳥が鶯の意となる。鶯といえば良き鳴き声の筆頭。三光神社の境内に浄瑠璃連中から寄進された石鳥居がある。良き声の三光鳥＝鶯にあやかり浄瑠璃の上達を願ったのだろうか。

というような根拠の薄い話は別にしても、三光神社は良い所。玉造駅から歩いて数分、木々が茂り環状線の内側とは思えない静けさがある。とくに桜の頃は最高。何も持たず身ひとつ、通り抜ける商店街でお花見に必要なものを準備しながら神社へ向かうことができる。たぶん次の春も三光神社の桜の下で、良い心持ちの私がいることだろう。

（伊）

19 梅屋敷

花の時期は清香四方に

第二次世界大戦の末期、昭和二十（一九四五）年三月の大阪大空襲のその日まで、大阪市内に「梅屋敷」と呼ばれた名所があったことを知る方は少ないであろう。町名では天王寺区城南寺町のあたりにそれは存在していた。

梅屋敷の北側に隣接している寳樹寺のご住職・金谷真哉氏（昭和六年生れ）に当時のことをうかがったところ、「確かに空襲のあったあの日まで寺の南側に老梅の大樹が数本植えられていた。しかし、空襲でこの一帯は焼け野原となり、老梅もまた焼けてしまった」という。以後は戦後復興にと、道路が拡幅され一部は住宅地となった。そして梅屋敷は二度とその姿を復することなく、人々の記憶から遠いものとなってしまった。それでも寳樹寺は別名「梅の寺」と呼ばれ、梅屋敷と縁の深い間柄であった。

それではこの梅屋敷、いかなる歴史があったのだろうか。その最初の記述は『浪華の賑ひ』（安政二＝一八五五年刊）にみることができる。市中の名所旧跡を紹介した中に寳樹寺と梅屋敷が続けて紹介されている。

寳樹寺は、梅屋敷の北側にあり、本堂の後ろに僧坊があり、その庭前に楓の大樹数株ありと。紅葉の頃は詩歌の雅客たちが競い合って遊楽し、林泉の風情が見事でひとしおの眺望であったと記される。

一方、その南にあった梅屋敷は、園中に数株の梅を植え、樹下に席を設け、如月《きさらぎ》（二月）の花の時季には清香四方に薫じて道行く人もただ通り過ぎることができず、風流を好む人々が群れ集い遊観したという。長《なが》月《つき》（九月）の菊の時分には、菊を花壇として配し遊客をなぐさめたと記されている。そしてこの梅屋敷は、江戸の亀戸にあって当時評判となっていた梅屋敷を文化年間（一八〇四～一八一八）の初め頃に模し、開園したとされる。

江戸では梅だけの鑑賞であったが、浪花では梅屋敷の梅と寶樹寺の楓が共演していたのである。環境を巧みに利用し、人々の関心を集めるところは、浪花人の心意気といったところであろうか。

この寺には浪花の歴史を語る重要な人の墓がある。その人とは紀海音（一六六三〜一七四二）。江戸時代中期の浄瑠璃作者で、同時期に活躍した竹本座の近松門左衛門と名声を競っていた人物である。
（明）

20　産湯の清水

市民の貴重な湧水場

人生の出発点となる出産。この世に生を受けて最初の儀礼が産湯《うぶゆ》をつかうことである。現在でも、病院でも出産の時は必ず産湯をつかう。これほど通過儀礼としてわれわれの生活に密着したものはないであろう。

以前の暮らしで出産は家または産屋《うぶや》で行われ、新しい命の誕生を厳粛に迎えるものであった。習慣のなかには「産飯」といい、生まれてくる子どものために飯を炊き、お椀に高く盛りつけ、小石を添えることが行われたり、産後嫁の生家から産餅が届けられ、産見舞いの客や近隣に配られたりした。

また、著名人が産湯をつかったという伝承を持つ井戸や泉が各地に伝えられている。

さて、この産湯の名が付された清水が天王寺区小橋町にある。「産湯の清水」は、産湯稲荷神社の境内にあり、かつては生活飲料水として大阪市民が大切にした湧水場のひとつであった。

閑静な住宅街に鎮座するこの社は、大小橋命《おおおばせのみこと》を祀る。神功皇后の近臣・雷大臣の子であり、藤原鎌足は大小橋命の十三代のちの子孫であるという。その大小橋命の産湯を汲んだのがはじまりと伝えられている。

今の産湯神社は、もともと式内社・比賣許曽神社のお旅所があった場所とされ、広い氏子域を有していたのではないかと考えられる。

産湯の清水から東へ八百メートルほどの東成区玉津三丁目の交差点に、大小橋命の胞衣《えな》塚が今でも祀られている。胞衣とは胎児を包んでいた胎盤のこと。一般には後産としてていねいに扱われる。その多くは墓地に埋葬され、まるでもう一人の人格があるかのように……。

大阪ではここへ参ると子どもの夜泣きが止むという。人の誕生にかかわり、一方は産湯の清水として人々が活用し、もう一方は信仰の場所として祀られるような、セット関係として現存する事例はたいへん稀有であろう。

森琴石が描いた産湯の清水。以前のように湧水であった姿はもうないが、今でもガチャポンプが設けられ、いつでも水が汲める。かくいう私もちょっと一服。流れ出る産湯の清水の水を手杓で飲んでみた。うーん、おいしい。そして甘い。こんな水が未だに街中で飲めるなんて。（明）

21 桃畑　一年通じハイキング

このあたり地形が起伏に富む。季節は旧暦の三月、ぱっと視界が開けた。一面の桃畑に花が盛りである。白い花びらの白桃あり、濃紅色の緋桃あり、弁当箱や酒筒をさげた人たちがそぞろ散策している。

早速『大阪名所独案内』を開く。伴源平の解説に「此辺《このへん》北ハ玉造より南ハ天王寺村までの間、一円の桃林にて花盛の頃ハ衆人群をなして遊覧し、瓢《ふくべ》小竹筒《ささへ》を提携《さげる》酒嗜《しょうご》人あれバ、行厨《べんとう》を背負へる不喫子《げご》あり。巷上ニハ茶店を設け、豆腐田楽を焼き、精魚の割亭《りょうり》をなし或ハ草餅《よもぎもち》を売る少女有れば、摘草を鬻《ひさ》ぐ童有り、行人ハ野経《のみち》充ち、紅の花の色ハ天も酔える光景《ありさま》なり」とある。

暁鐘成の『摂津名所図会大成』にも生駒山を遠景に桃畑が広がり、茶店で気炎をあげる酔客が描かれている。江戸時代、三月三日を幕府は桃の節供に定め、この日に野遊びする風習もできた。

では桃畑は現在のどのあたりだろう。琴石画伯の絵では向こうに四天王寺らしき五重の塔が見える。たしかに上町台地界隈には「桃」のつく地名が多い。JR環状線桃谷駅や、かつてあった桃山病院、私の住む谷町六丁目界隈にも統廃合されたが桃谷と桃園という二つの小学校があった。幕末の絵地図でも谷町筋と上町筋の間、旧桃谷小学校付近に「コノ辺桃谷ト云ウ」と桃林が描かれ、桃谷駅付近も「此辺桃畑多シ」とある。桃畑は広範囲にあったらしい。

ところで『大阪名所独案内』の絵に花見客は描かれていないようですが?と琴石画伯に聞くと、温厚篤実な画伯はこう答えるだろう。「花見酒もよろしいが、この挿絵では一面の花の美しさを描きたかったのです」。

桃のイメージは文人画家たる画伯を刺激したはずだ。中国文学には、陶淵明に桃源郷の由来となった

「桃花源記」があるし、『三国志』の英雄たちも桃園で誓いをたてた。『西遊記』では天界の蟠桃園で孫悟空が仙果の桃を食べて大暴れ、お釈迦様に捕縛される。ちなみに『夢の代』を著した大阪の町人学者山片蟠桃の号も、三千年ごとに結実する桃に由来している。

吉野の桜や高尾の紅葉とまでは言わないが、昔は大阪の都心でも一年通じてハイキングできたのはうらやましい。『大阪名所独案内』に紹介された豆腐田楽と精魚の料理を肴に、一献、花見酒を酌み交わしたい気持にもなる。（橋）

『摂津名所図会大成』より「桃畑」

22 舎利寺

創建譚持つ黄檗宗の古刹

生野区舎利寺一丁目。町名にもなっている舎利尊勝寺は、閑静な住宅街に緑豊かな境内をかかえて静かなたたずまいを見せている。正しくは南岳山尊勝寺、黄檗宗の古刹である。この舎利寺には、その創建にかかわる伝説が今に伝えられる。

用明天皇の頃というから、千四百年ほど前のこと。この辺りに生野長者と呼ばれる長者が住んでいた。その長者に言葉の不自由な子どもが生まれ悩んでいたところ、四天王寺建立のため来ていた聖徳太子にすがることができた。

太子はその子に向き合うと「わたしが前世に預けた仏舎利を返しなさい」と言った。するとその子は三つの仏舎利を吐き出し、それからは普通に話せるようになった。太子はそのうちひとつを四天王寺にもうひとつを法隆寺へ納め、残ったひとつを生野長者に渡した。長者は一宇を建て舎利を奉ったのが舎利寺の起源であるという。

さて、このような創建譚を持つ舎利寺であるが、中世の記録はほとんど無く詳らかではない。ようやく戦国時代末期となって歴史に再登場する。天文十六（一五四七）年両細川軍がこの付近で決戦した舎利寺合戦がそれである。

寺はこの合戦で荒廃したといわれているが、寛文十二（一六七二）年徳川家綱は、この地を黄檗山万福寺二代・木庵に与え復興させた。その時、寺域整備に伴い鎮守として社殿を整備したのが現在の生野神社。もとは牛頭天王《ごずてんのう》社と呼ばれていた。

舎利尊勝寺を訪ねてみよう。境内に一歩踏み入れるとあちらこちらに石碑、石像が点在している。これらは幕末の嘉永五（一八五二）年に設けられた観音霊場群である。観音霊場とは西国三十三カ所の霊場を巡り、加護を得るという庶民信仰である。

ここ舎利尊勝寺の境内には、その西国三十三カ所がすべて再現されているのである。一寺詣でが三十三カ所巡りの御利益につながっているのである。忙しく日々を暮らす都会人にとっては、うってつけの場所かもしれない。

森琴石がこの舎利寺を訪ねた明治時代もまた、現代の私たちのように忙しい時代だったのだろうか。それにしても三十三カ所をここまで集約するとは……。浪花人の気質であろうか。見事である。（明）

道頓堀
35
妙法寺老松
34
高津宮
日本橋
谷町九丁目
千日前通
32 北向八幡宮
33 生国魂神社
上本町
近鉄
31
隆専寺
上町筋
松屋町筋
堺筋
阪神高速
谷町筋
四天王寺前
夕陽ヶ丘
玉造筋
桃谷
大江神社
30
29 新清水寺
28 増井清水
23
四天王寺
美須町
一心寺 27
大阪環状線
26 茶臼山
庚申堂
24
25
湯屋里
天王寺公園
園前
天王寺
寺田町
阿部野橋
近鉄
JR

「南之方」一

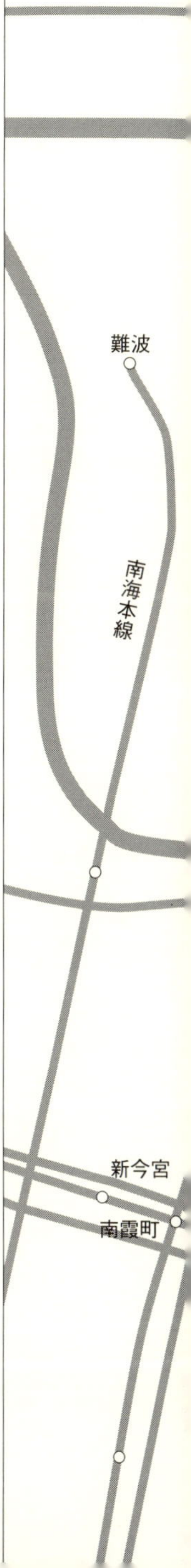

23 四天王寺　極楽につながる西門

先祖供養のため、家族で四天王寺の六時堂に行くことがある。長い間お堂の中で待ち、読経の後で散華が舞う。法名が書かれた経木をいただき、それを亀井の水で流す。鐘つき堂で鐘をつく人もいる。引導鐘である。この鐘の音は極楽まで通じているという。

四天王寺の西門は、極楽浄土につながっていると考えられていた。今ではその面影をさがすことは難しいが、夕陽丘の名が示すとおり、坂の下に海が広がり夕日が沈んでいく姿は、いかにも極楽に通じていると思わせたに違いない。

今でも西門に建っている石の鳥居は、永仁二（一二九四）年に当時の別当（住職に当たる）の忍性が建てたものである（年代については異説あり）。

寺に鳥居とは、現在の我々からすると何とも珍妙だが、神仏習合の当時にあっては、違和感のない極楽の入り口にふさわしいものだったであろう。

四天王寺といえば、毎月二十一日の「お大師《だいっ》さん」の縁日が思い出される。「お大師さん」とは、無論弘法大師のことである。しかし、四天王寺は五九三年に聖徳太子が創建した寺ではなかったか。「お太子さん」の誤りか。

実は、大坂では江戸時代から弘法大師の命日である二十一日に、北の太融寺や寺町の寺々、四天王寺を巡る風習があり、戦後はそれが四天王寺だけになってしまったようである。確かに境内には大師堂がある。最近は聖徳太子の命日である二十二日にも縁日が開かれている。

四天王寺は、古代に創建され、中世に発展し、現在でも多くの人の信仰を集めている。寺には、僧侶だけでなく、舞楽のとき演奏する楽人（伶人）らもいた。牛市伶人町という地名が今も寺の西方に残っている。牛市があったことも有名である。牛市では、摂津・河内・

和泉など大坂周辺の農村地帯で使役される農耕牛が売買された。遠く但馬や中国山地から子牛が連れられて来たのである。

その他にも門前町に集う人々があり、寺を中心にひとつの社会ができていた。四天王寺は、昔も今も人々が集う信仰の場なのである。（八）

24 庚申堂　夜を徹して災難除け

四天王寺の南に庚申堂がある。庶民信仰に支えられる浪花の名刹である。さて庚申とは何か。道教の影響によって日本人の信仰のひとつとなったこの教えは、三尸《さんし》という虫に由来している。

上尸・中尸・下尸という三匹の虫は、人間の体内に住み着き、絶えずその人間の行動を監視していて、庚申《かのえさる》の日の夜に眠っている人の体から抜け出して、その人の罪や過ちの一々を天帝に告げるという厄介な虫である。

ゆえに人々はこの庚申の日に眠らずに過ごし、三尸の虫が体から抜け出さないようにしたのである。こうした庚申の日を皆で過ごすために庶民の間では、庚申待ちなどの講を結成して祭事化しているところがある。浪花の町にはこの庚申堂が設けられ、夜を徹して庚申参りが行われていたことは想像に難くない。

そして約二月に一度、この庚申参りがやってくる。庚申堂は現在ビルや住宅に取り囲まれ、森琴石が訪ねた時分とはだいぶ趣を異にしているが、境内は落ち着いた雰囲気があり、とても繁華街の一角に立地しているとは想像できない。

山門をくぐり本堂へ。途中、後生車を回し、手水で手と口を浄め、本堂で本尊・青面金剛《せいめんこんごう》へ手を合わせる。琴石が描いた庚申堂は、当然のことながら戦災で焼け落ちる以前の建物。その頃の境内は、本堂の東に護摩堂があり不動明王を奉り、西に九頭竜権現《くずりゅうごんげん》があった。

庚申の日には参詣客で溢れかえり、昆布を商う露店が所狭しと並んでいたという。また、堂内には盗難除けの七色の供物があり、それを授けていただく方が多かったと記している。さらに「申《さる》」にちなんで堂の前では箱の中に「猿」を飼っていた。

このように大阪市中の人々は、庚申の日にこの庚申堂に参り、眠らずに一晩を過ごし、三戸の虫が告げ口をしないようにしていたのである。

　現代を生きる私たちもこの三匹の虫が頭をもたげてきたら、庚申堂に参り災難除けをしてみてはいかがだろう。いやいや、その前に今の大阪は眠らない町になってしまった。三戸の虫も出番がなくなってしまったようである。

（明）

25 湯屋里《ゆやのさと》（邦福寺）

河底池望み贅沢に湯治

温泉には何か人の心をひきつけるものがあるようで、大阪市内にもいくつかの温泉があり、かなりの賑わいを見せている。リゾート施設としても楽しいものだが、病気やケガの治療のために通う人もいる。

全国各地には、行基や弘法大師といった徳の高いお坊さんが掘ったといういわれを持つ温泉も多いが、これは、宗教的な医療行為と温泉とが結びつき、古くから治療のために利用されていたことを示している。

温泉の隣りに、医療・宿泊施設を兼ねてお寺が建てられることも多く、有馬や城崎に今も残る温泉寺は、その名の通り温泉と宗教的な信仰が結びついた霊場である。

あまり知られていないが、大阪にもこのような霊場があった。天王寺の茶臼山の南に位置する統国寺のあたりがその地。統国寺は、森琴石が訪ねた時は邦福寺という黄檗《おうばく》宗のお寺だったが、さらに古くは、聖徳太子が開いたという不思議山念仏寺と号していた。

その境内には温泉を利用する人のために湯屋が営まれており、人々はこのあたりを湯屋里と呼んだという。江戸時代にはもう湯屋は廃れてしまい、湯屋の井という井戸だけが残っていたようである。この温泉がどんなに賑わっていたのか知るすべはないが、河底池を望む風光明媚な場所で湯治するのは、なかなか贅沢な感がある。

また、近くの四天王寺には、施薬院や療病院といった、信仰と結びついた医療施設が営まれそこで療養する人たちがこの湯屋里で養生したのかもしれない。

ちなみに、今では大阪市内で湯里というと、東住吉区内の地名だが、ここは江戸時代には湯屋島村と呼ばれていた。やはり古くは温泉があったようだが、今はかつて湯が湧き出ていたと伝えられる井戸が残っているだけである。

（慎）

26 茶臼山

「夏の陣」家康公の本陣に

邦福寺は湯治場としてだけでなく、普茶料理でも有名だった。窓の外に池をへだてて、鬱蒼《うっそう》と松がしげった丘がある。『大阪名所独案内』に「園中にあるが如く」と紹介されている邦福寺の茶臼山である。腹ごなしに登山とあいなった。と言っても高くはない。高さ八メートルの小山。

『大阪名所独案内』を開くと「旧名を荒陵《あれみささぎ》と称し後年茶臼山と号《なづ》く。茶臼山の名ハ山ノ姿ニヨリ号ク。慶長元和の頃徳川家康公陣営地也」とある。

元和元（一六一五）年、大坂城が落城した夏の陣を思うと、大阪人としてはいささか無念だが、「陸軍省官制」という杭があるように一時、軍が管理したらしい。

山頂で大阪城方面をながめる琴石翁。「真田幸村公は『三国志』の軍師、諸葛孔明と英雄、趙雲があわさったような武将で、赤備えの軍団を率いてまっしぐらに、ここ家康公本陣へ突進したのです。殺到する勢いに旗本が逃げ出したのは痛快です」と勇んで言ったのは、私の勝手な想像。

松風が喚声のように響き、木陰から幸村の勇姿が飛び出しそうだ。私が子どもの時、茶臼山の西の山麓はバス道で、付近には「本陣」という料亭があり、わが父親《おやじ》の営む塗装店の忘年会が開かれた思い出がある。河底池の貸しボートも懐かしく、漫画「じゃりン子チエ」のひょうたん池のモデルはここだろう。

この後、茶臼山の西側では明治三十六（一九〇三）年、第五回内国勧業博覧会が開かれ、全国から何百万もの入場者で賑わった。博覧会を契機にルナパークが建設され、歓楽街である新世界も開けていく。

昭和十一（一九三六）年、南隣に大阪市立美術館が開館する。実は大正九（一九二〇）年の議会で建設が議決され、大正十二年の開館を予定したものの、財政難で完成が遅れたものである。琴石翁は議決された翌年の大正十年に没したが、大阪画壇の発展に尽力した画家として、さぞ開館を楽しみにしていたことだろう。

『大阪名所独案内』の解説文のもとになったと思われる『浪華の賑ひ』（安政二年）もひもといてみた。

本陣がおかれ「これより後、当山に登ることを禁ぜらる」と記されている。邦福寺よりの眺望も「方丈の座敷より眺望殊に美景なり。春秋の花、紅葉はもとより、蛍、水鶏、時鳥、萩、薄、菊、女郎花、雪の景色ひとしほよくして、遊観たえざる勝地なり」と茶臼山や河底池の景色の美しさを讃えている。（橋）

27 一心寺

極楽往生願う修行の場

一心寺は一般に「お骨仏の寺」として親しまれている。お盆やお彼岸の縁日には大勢の参拝客で賑わい、線香の煙が絶えることがない。

沿革は古く、文治元（一一八五）年にさかのぼる。平安末期、末法思想の流行によって世の中が不安に包まれていた頃、四天王寺僧慈鎮が浄土宗開祖法然上人に請うて、今の一心寺あたりに四間四面の草庵を開いたのが始まりである。

新別所「源空庵」と呼ばれ、日想観《にっそうかん》の念仏修行の場となった。日想観とは「観無量寿経」に説かれる。西方十万億土にあるという浄土の姿を沈む夕陽に想い、極楽往生を願う修行である。

当時は四天王寺西方にすぐ海がせまり、いかにも浄土を連想させる風景が広がっていた。西門は極楽浄土への入り口と考えられ、それに隣接する「源空庵」周辺も極楽往生を願う善男善女で賑わったことであろう。

『大阪名所独案内』には「二階堂」「三千仏堂」「弥勒堂」「骨堂」「御影堂」「中門」「観音堂」「鐘楼」「黒門」などの諸堂が紹介されているが、すべて昭和二十（一九四五）年の大阪大空襲によって灰燼《かいじん》に帰した。現在の境内は戦後の再建による。

ひときわ目を引くのが平成九（一九九七）年に再建された仁王門である。焼失前の山門は、江戸時代初期に大坂城玉造御門を移築した「黒門」で、武家屋敷風の「長屋門」であった。

戦後に再建されたのは、「冠木門《かぶきもん》」と呼ばれる屋根のない柱だけの門であった。新造の山門は、一級建築士の資格を持つ住職の設計によるもので、「長屋門」の風格を保ちつつ前衛的なデザインを取り入れた威容が周囲を圧倒している。

門にはブロンズの仁王像が二体、参拝客を迎えている。納骨堂には六体の骨仏が安置されている。骨仏とは、全国から納められた遺骨を使い、十年に一度造立される阿弥陀仏坐像である。最初の造仏は明治二十（一八八七）年であるから、『大阪名所独案内』が上梓された明治十五年、森琴石は骨仏を知らない。

遺骨で仏像を造り、信仰の対象とするのは、ほかに例のないやり方であり、一種の合葬墓といえよう。人々はいつでも仏となった故人に会えるのである。（松）

28 増井清水

醸造にも適した名泉水

かつて大阪市内には、七名泉と呼ばれる湧き水があった。亀井・玉出・相坂・安井・有栖・金龍、そして今回紹介する「増井清水」がそれである。天王寺区伶人町、安井神社の北の住宅街に立地するこの清水は、上町台地から駆け降りる崖下に位置しており、風情ある坂道が人々を誘う。現在この坂道の途中には、大阪市が整備した湧水施設があり、往時の雰囲気を醸し出している。

さて、この増井清水。『摂津名所図会大成』にも紹介され、江戸時代から市中の人々のノドを潤してきた。醸造にも適していたことから「合酒の清水」とも呼ばれた。森琴石が訪れた明治初期には茶店の庭にあり、涸れることなく清冷な水が湧いていたと記されている。

大坂市中の人々は、上水道が整備されるまで「水」は買うものと考えていた。一般的には、井戸を掘削し汲み上げればよいと考えがちであるが、大坂市中の井戸は金気《かなけ》が強く飲み水には適さず、専ら炊事・洗濯に使用された。

飲み水になる井戸があればよいが、なかった所ではどのように飲み水を確保したのだろう。「水屋」から買ったのである。各家では、軒先に「水入用」の木札を下げて、一荷いくらの代金を払って水を買っていたのである。明治時代には二斗入り桶二つで八厘前後で取引されていた。

それぞれの名泉や淀川、大川から汲まれた水は市中へと運ばれ売られていったのである。雨が降って川の水が濁ってしまえば、名泉水は飛ぶように売れたそうである。名泉水は、一般的に上下二段の水溜場を設け上段は上司侍方、下段は町人が使用したと伝えられる。

このように利用されてきた清水であるが、現在七名泉はそのほとんどの水は涸れてしまっている。地面にしみ込むはずの雨水は水路に集積され、下水となって処理される。コンクリートとアスファルトで固められた町には、すでに湧水を提供する力が無くなってしまったのだろうか。

　琴石も飲んだであろう増井清水の清冷な水は、いったいどんな味がしたのだろう。味わってみたかったのは、決して私ひとりではないはず……。（明）

29 新清水寺

都会人癒す玉出の滝

チチチチ……。すがすがしい落水の音とともに新清水寺はある。上町台地の西斜面にある歴史の散歩道から東へ、コンクリートで舗装された急な坂を上がると、市内唯一の滝といわれる玉出の滝につきあたる。都会の真ん中とは思えない、いかにも神聖な修行の場としての静けさが漂う。

新清水寺は、寛文年間（一六七〇年頃）に僧の延海によって興された有栖寺からはじまる。寺号を改めたのは、京都の清水寺から聖徳太子作と伝える千手観音を譲り受けた後の、享保年間（一七二〇年頃）という。

以後、有栖山清水寺、または清光院と呼ばれ今に至る。森琴石の時代には「大師堂」「地蔵堂」「鐘楼」などが立ち並び、京の清水寺よろしく懸崖造りの「舞台」が本堂の前に備えられていた。

寺は台地の西端にあたるため眺望に恵まれ、舞台から大坂市中はもちろん、播磨国や淡路島まで一望できたという。今は本堂がひっそりと建ち、主役はまったく玉出の滝に取って代わられた。

初代の玉出の滝は寛政八（一七九六）年に、京の清水寺の音羽の滝をまねて造られた。当時は二十四文の拝観料を取っていたが、それでも涼を求める人々で賑わったという。

当世風にいうと「マイナスイオンの癒し」であろうか。「天下の台所」と呼ばれ喧騒に包まれた大都市に暮らした人々の、しばし夕涼みする姿が浮かんでくる。滝は明治八（一八七五）年に再建され、さらに昭和二十四（一九四九）年に修復されている。三本の筧《かけひ》から落ちる水は、四天王寺の亀井から引かれているとされるが定かではない。

ところで、新清水寺が位置する上町台地の西斜面には、天王寺七坂という七筋の坂道がある。北から真言坂、源聖寺坂、口縄《くちなわ》坂、愛染《あいぜん》坂、清水坂、天神坂、逢坂。すべて隣接する社寺やたたずまいの特徴からつけられた名である。

　美しく舗装された細い坂道はそれぞれに趣があり、立つだけで映画のワンシーンのように心に迫る。登りきると何かありそうな、それとも下界を眺めた時の開放感か。大阪で最も心地よい風景のひとつである。

（松）

30 大江神社

周辺も信仰の産土神

下寺町を南へ向い、バイク屋街が現れてきたところを東に折れて、上町台地の方に向うと、鳥居と石段がある。鳥居の右に「大江神社」と刻まれた碑が立っている。慶応三（一八六七）年九月中旬とある。鳥居は寛政五（一七九三）年に日本橋五丁目が寄進したものである。石段を登ると大江神社だ。

そのまままっすぐに少し行ったところが勝鬘院《しょうまんいん》。「愛染さん」である。神社の境内から重要文化財の多宝塔も見える。振り返ると、登ってきた石段のところは崖になっている。石段の南側にある坂道が勝鬘坂（愛染坂）である。

江戸時代は愛染参りの人々で賑わったという。坂の上から西方の海を望む、地名の通り「夕陽丘」だ。今では、ビルが林立しているので、景色は今ひとつだが、夕陽丘の風情は偲ぶことができる。

大江神社は、江戸時代には乾社と呼ばれていた。四天王寺の乾《いぬい》（戌亥つまり西北）に位置しているからである。毘沙門天を祀っていたので、毘沙門堂とも言った。天王寺村には七つの小社があり、天王寺七宮と呼ばれていたが、乾社もそのひとつに数えられていた。

『摂津名所図会』には、「六月十六日勝曼阪毘沙門祭」という挿図が載っている。乾社のお祭りである。石段行列が石段を登っている。馬に乗った者もいる。遠くには神輿も見える。『摂津名所図会』は、昔は神輿を葭島《よしじま》へ渡しており、平安時代白河院の頃、旱魃であったが毘沙門天を葭島へ渡して雨乞いをしたところ、忽ち霊応があったという伝承を記している。

現在の境内を見て回ると、いろいろな石造物が残っている。例えば、社殿左手前の井戸枠の石には「長七若中」と刻まれ、天明八（一七八八）年とある。「長七若中」というのは、おそらく長町七丁目若者組中の略だろう。

長町は今の日本橋筋のことである。現在では電器屋街で有名だが、当時は木賃宿が軒を連ねていた。威勢のいい若者たちは、祭りの時などには、さぞかし勇躍したことだろう。天王寺村だけでなく、周辺の地域の産土神《うぶすながみ》として信仰を集めていたようである。

乾社は、前述のように慶応三年に大江神社と改称された。毘沙門天も、明治維新後の神仏分離で大津坂本に移ったという。

（八）

31 隆専寺

芭蕉も詠んだ糸桜

天下の大坂城が落ちた夏の陣の翌年、元和二（一六一六）年に誠誉という僧によって創建され、安永八（一七七九）年に海誉が修復したという。山号を旭耀山といい、阿弥陀様がご本尊。というような履歴もさることながら、かつて隆専寺は糸桜の名所として広く知れわたっていた。かの松尾芭蕉（一六四四～九四年）も「半日の雨より長し糸さくら」の句を残している。

ここ隆専寺をはじめとして、春の生玉一帯はたくさんの人出だった。お花見といえば古今を問わず、必ず付いてくる物がある。これが過ぎると、思わぬ事件となることもある。

明治十七（一八八四）年の四月のこと、南区の某氏が生国魂神社の夜桜に行き、深夜まで飲み騒いだ。散々楽しんだ後、帰宅しようとすると、十二、三歳の少女がシクシクと泣いていた。尋ねたところ、平野の野堂《のどう》町の者という。父親が急病になりお医者に参り帰る途中、石につまずいて怪我をし、痛くて歩けないでいたと言う。

某氏は少女を気の毒に思い、それならば私が背負って家まで送ってやろうということになった。おのれの背に少女を負って野堂町目指して歩き出した。しかし、行けども行けども目指す所に至らない。夜も白々と明けて来て、森のカラスの泣き声にフト我にかえってあたりを見回せば、其処は真田山の三光神社の傍らであった。

何故こんな所に来てしまったのかと思いつつ、後ろに背負って来た少女を見れば、それは何と朽ちた木の切り株だった。さてはまんまと狐狸にいっぱいやられたらしい（「桜花ニュース回想曲」『上方』八十九）。

境内には「面茶」と彫られた碑がある。これは昭和八（一九三三）年に難華面茶会《なにわおもちゃかい》が建立したもの。昭和の初めにコインや切手を集めることが流行った。のちに郷土玩具などの収集ブームとなった。桜の時期に観桜面茶会をひらき、自慢の品の見せっこ会を開いた。この碑はその記念とのこと。

こんな楽しく心豊かになる集まりがあれば私も参加したいが、残念ながら面茶会は終戦後に消滅したらしい。

（伊）

『摂津名所図会』より「隆専寺糸桜」

32 北向八幡宮

大坂城中の諸士が鍛錬

生国魂神社の境内の北方隅にある小さな神社である。天正から慶長年間頃（十六世紀末頃）に大坂城中の諸士がこの地に集まって射術の稽古を行っていたとのこと。今言うところの武術のトレーニング。そのためこの地に武神である八幡を勧請したという。

北向きという変わった名が付いているのは、ここ生国魂神社から見ると北の方向に位置する大坂城を守護するため、城の方向、すなわち北の方向に社殿を向けていたからという。現在の社殿は西に向いているので、いつの時か建て替えがあったのだろう。

武神を祀った神社なので五月五日に流鏑馬《やぶさめ》が行われていた。琴石が歩いていた頃にはさぞかし賑やかに行われていたことであろう。しかし、明治四十五（一九一二）年に大阪市内南部を襲った「南の大火」によって祭に用いる武具が焼失してしまい、伝統行事であった流鏑馬は廃止されてしまった。

その後は、同じ五月五日に走馬《そうま》神事が行われている。赤鞭と青鞭とを神前に献じることがわずかに流鏑馬の名残をとどめている。

流鏑馬の痕跡が地上に残るものとして、神社真東の方向、谷町筋を越えて、一筋入った四つ辻の角に「馬場先三体地蔵尊」と名付けられた小さな三体の石のお地蔵様がある。このことから、生国魂神社正面の鳥居からこのお地蔵様のあたりまでの数百メートルの道が流鏑馬の舞台となったのだろう。

琴石の頃、明治の初めには鳥居の手前（東側）に蓮池があり、夏の花の盛りには蓮華の開花を見ようと夜の明けないうちからたくさんの人出があったという。流鏑馬もなく、蓮池もなくなった現在、生国魂神社の境内はいつも驚くほど静かである。私はこの静けさが好きでよくこの神社に足を運ぶ。

正面の谷町筋側から境内に入らず、遠回りになるけ

れど、松屋町筋と千日前通の交差点の南東角に建つ大きな石の鳥居からがいつもの道順。右手に曲がりながら登っていく自転車ではちょっと無理な勾配の坂道を上がる。この坂道は日常の下界から聖なる場所へたどり着くための儀式のようなもの。登りきった右手が神社の北門、左手にはホテルが建ち並ぶ。男一人、気恥ずかしい思いをしながらのお参りである。（伊）

33　生国魂神社

平日も賑わい絶えず

〝いくたまさん〟の名で親しまれる天王寺区の生国魂神社。正しくは「いくくにたま」と発音し、社伝では神武天皇が生国魂大神と咲国魂大神を祀ったのが初め。最初は大坂城付近だったが秀吉の築城で現在地に移ったと伝わる。

江戸時代から社頭は中国風の見世物、歯磨売りの居合、浮世物まね、もぐさ屋など露店や大道芸人で賑わった。『摂津名所図会』『摂津名所図会大成』は遊客の手拍子、鼓の音、三弦の調べが「神前の鈴の音に合して四時ともに繁昌なるハ皆神徳の新なるが故なるべし」とする。毎年「彦八まつり」が開かれる大阪落語の祖、米沢彦八の本拠地でもある。

かつて社前には蓮池があり、夏は紅白の花が咲き乱れ、池畔の料理屋の荷葉飯、つまり蓮飯《はすめし》が名物で、蓮酒もあったらしい。『大阪名所独案内』も「大阪市中の産土神なれば祭礼の日は詣人群をなし……平日と雖《いえど》も参詣間断なし」と記す。

生国魂神社は上町台地の崖にあり、絵馬堂からは大阪市街や大阪湾までが一望できた。琴石画伯も絵筆を手に「私の生まれ故郷の有馬温泉はあの六甲山の裏側ですなあ」とその絶景に感嘆したはずで、挿絵も遠く淡路島か六甲山らしき山影を描いている。ちなみに谷崎潤一郎は『春琴抄』の主人公、盲目で美貌の鵙屋《もずや》春琴の墓所を、風情あるこの高台下の寺院に設定した。

ところが面白いことに神社付近の町は「生国魂」ではなく「生玉」と書く。明治時代の頃には展望台を兼ねた人工の富士山があるというキテレツな観光名所であった。付近には孔雀茶屋という茶店もあった。

また生玉ゆかりの二人の有名な芸術家がいる。大正二（一九一三）年、生玉前町に生まれた「夫婦善哉」の作者、織田作之助、近くの谷町九丁目で幼少を過ごした「銀座カンカン娘」の作曲者・服部良一である。

近代大阪のモダニズムを感じさせる芸術家たちだ。
南地も近く、このあたり濃厚に大阪らしい芸術を育んだ土地でしたんやなあ、と感慨深げに幻の蓮飯の味に未練を残し、琴石翁と次なる高津宮へと北々西に進路をとった。

（橋）

34 高津宮

絶景眺めながら湯豆腐

上町台地の由緒ある神社仏閣をめぐり、琴石画伯の筆も自然と謹厳、敬虔となる。しかしながら有名社寺の近くには、必ず名物の食物屋あり。生玉の蓮飯同様それも気になる。「たかきやにのぼりて見れば煙立つ民のかまどはにぎはひにけり」。高津宮《たかつのみや》に祭祀されるのは仁徳天皇である。帝《みかど》は炊事の煙が上がらないことで国民の貧窮を知り、租税を免除した。数年後、国は富み、立ち上る煙に帝は喜ばれた。この故事は大阪市歌にも歌われる。社伝では高津宮は貞観八（八六六）年の創建で、現在地に天正十一（一五八三）年に移ったという。

由来だけ述べると格式高く堅苦しいが、「高倉さん（高津宮にある稲荷社）にはどう行きますか？」「こうずーっと行きなはれ」の洒落や、「あたァった！あたァった！」の「高津の富」、「せをはやみい〜」の「崇徳院《すとくいん》」で知られる落語の〝名所名蹟〟でもある。二月十一日には梅の花を捧げる献梅司の行事もある。

神社で有名な場所が西側断崖の舞台だ。現在は絵馬堂だが、昔は眼下に道頓堀が見下ろせ、そこの茶店は遠眼鏡《とおめがね》を貸して景色を面白おかしく解説した。また〝三下り半〟の縁切り坂といわれたジグザグの石段の下には二軒の黒焼屋があった。ここの、ほれ薬「いもりの黒焼き」も落語に登場する。

しかし今回、グルメ諸氏に紹介するのは「黒焼き」ではない。神社正面の参道横にあった万治年間（一六六〇年頃）開業の湯豆腐屋の「柏戸」。湯豆腐といえば今は京都の南禅寺が有名だが、当時の大阪では高津だった。眺望もよく、その賑わいが『摂津名所図会大成』にも描かれている。真面目な琴石翁はわき目もふらずに本殿だけを描くが、店の場所は挿絵中央の石段の左。最近までここには料亭が残っていた。

ところで小学校で大阪市歌を教わった私は、仁徳天皇が国見をしたのは今の神社の絵馬堂であると久しく信じていた。琴石翁にそんな話をしたら「仁徳天皇がコンクリートの舞台から遠眼鏡で道頓堀を見て、芝居の入りまで心配しはりますかいな」と笑われそうである。（橋）

35 妙法寺老松

お稲荷さんからお寺さんへ

上町台地を南北に貫く谷町筋周辺は、お寺の多い地域である。昭和三十九（一九六四）年の道路拡張工事によっていくつかは移転を余儀なくされたというから、もとの様子はいかばかりであったろう。その中に、戦災を免れ法灯を伝えている妙法寺がある。

妙法寺にはかつて妙法松と呼ばれた大きな松があった。琴石の画にあるように、高さ十二メートル、幹の周囲三メートルを超す、本堂を覆うがごとくのまさに堂々とした巨木であった。伝によると、もとは浪速区の赤手拭《あかてぬぐい》稲荷神社の近くにあった松を移植したのだということ。お稲荷さんからお寺さんへの樹木の移植にはどんな事情があったのだろうか。

赤手拭稲荷神社は、妙法寺から西へ約二・五キロ離れた南海電鉄汐見橋駅の近くにある。玉垣に囲まれ丹塗りの美しい社殿は、マンションが建ち並ぶ街に溶け込んでいる。今は埋め立てられてもとの地形は見る影もないが、慶長年間（一六〇〇年頃）には稲荷のすぐ西側に木津川河口が迫り、堤防が築かれていた。

堤防には「浪除松《なみよけ》」が植えられていて、よほど並木が見事だったのであろう、稲荷神社も「松の稲荷」と呼ばれるほどであった。ところが、いつの頃からかその松に赤い手拭を掛けると願いがかなうと信じられ、盛んに赤手拭が奉納された。赤手拭稲荷と呼ばれるようになった由縁である。

現在では堤防も松並木もなく、社殿の傍らの手水に架けられた屋根の下に横木を渡し、奉納と大きく書いた赤い手拭が何枚も掛けられている。風に揺れる手拭は、願主に代わっていかなる願いを念じているのであろうか。絶えずひらひらと赤く舞う願いは、お稲荷さんもきっと聞き届けてくれるにちがいない。

大阪は西へ西へと埋め立てを繰り返し発展した街である。堤防の浪除松は、江戸時代を通して行われた都市拡張とともにその役目を終え、あるものは上町台地の寺々に移された。

そのなかで、都市造営の生き証人として長らえ、名物となるほど立派に成長したのが妙法松であった。しかし、残念なことにこの名木も琴石が歩いたすぐ後に枯死してしまったらしい。（松）

松屋町
阪神高速
松屋町筋
44 二ツ井戸
45 松井吉助庭
千日前通
谷町筋
四天王寺前夕陽ヶ丘
46 遊行寺
四天王寺

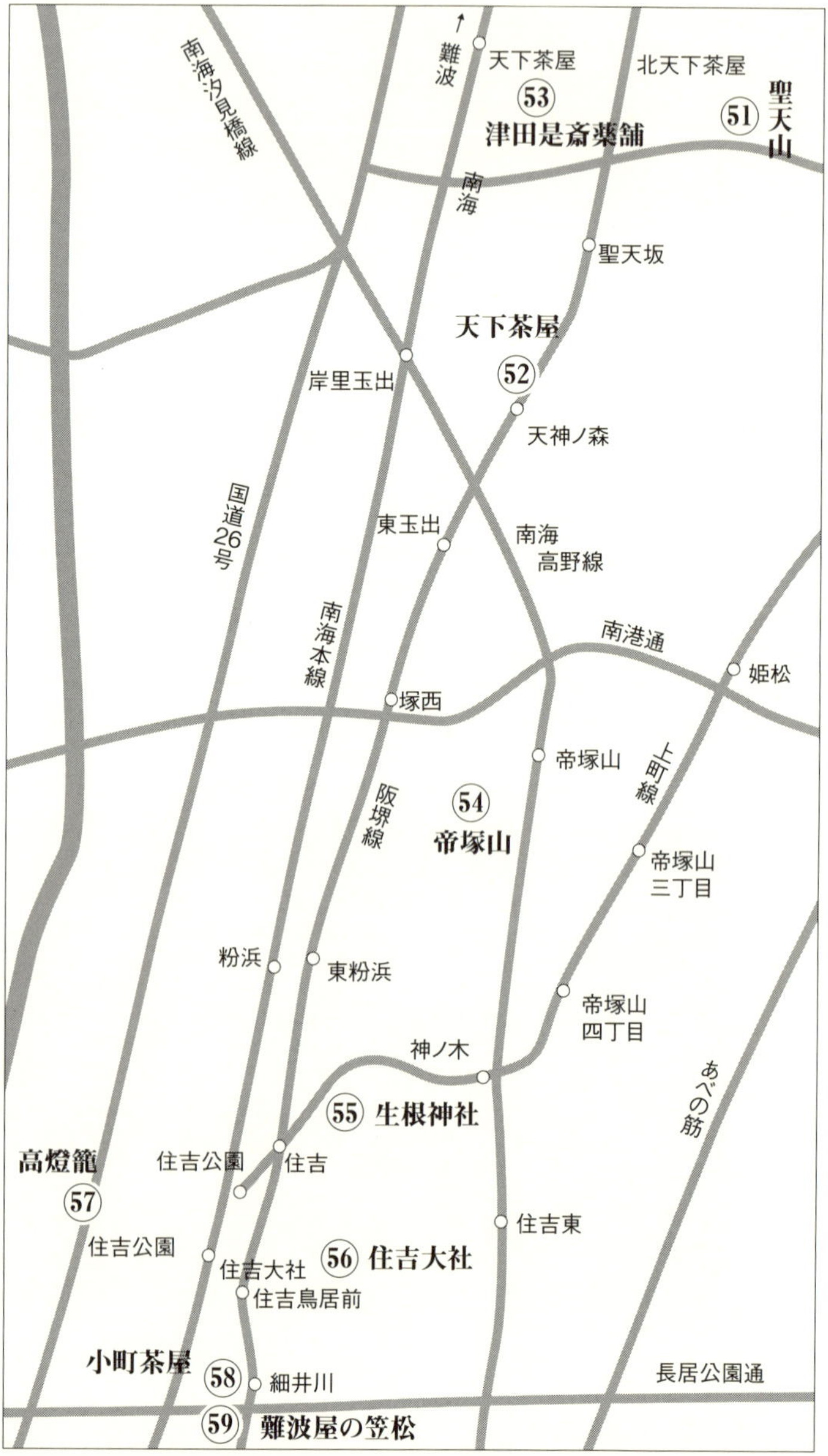
南海汐見橋線
↑難波
天下茶屋
北天下茶屋
53 津田是斎薬舗
51 聖天山
南海
聖天坂
天下茶屋
52
岸里玉出
天神ノ森
国道26号
東玉出
南海高野線
南海本線
南港通
姫松
塚西
帝塚山
上町線
54 帝塚山
阪堺線
帝塚山三丁目
粉浜
東粉浜
帝塚山四丁目
神ノ木
あべの筋
55 生根神社
高燈籠
住吉公園
住吉
57
住吉東
住吉公園
住吉大社
56 住吉大社
住吉鳥居前
小町茶屋
58
細井川
長居公園通
59 難波屋の笠松

「南之方」二

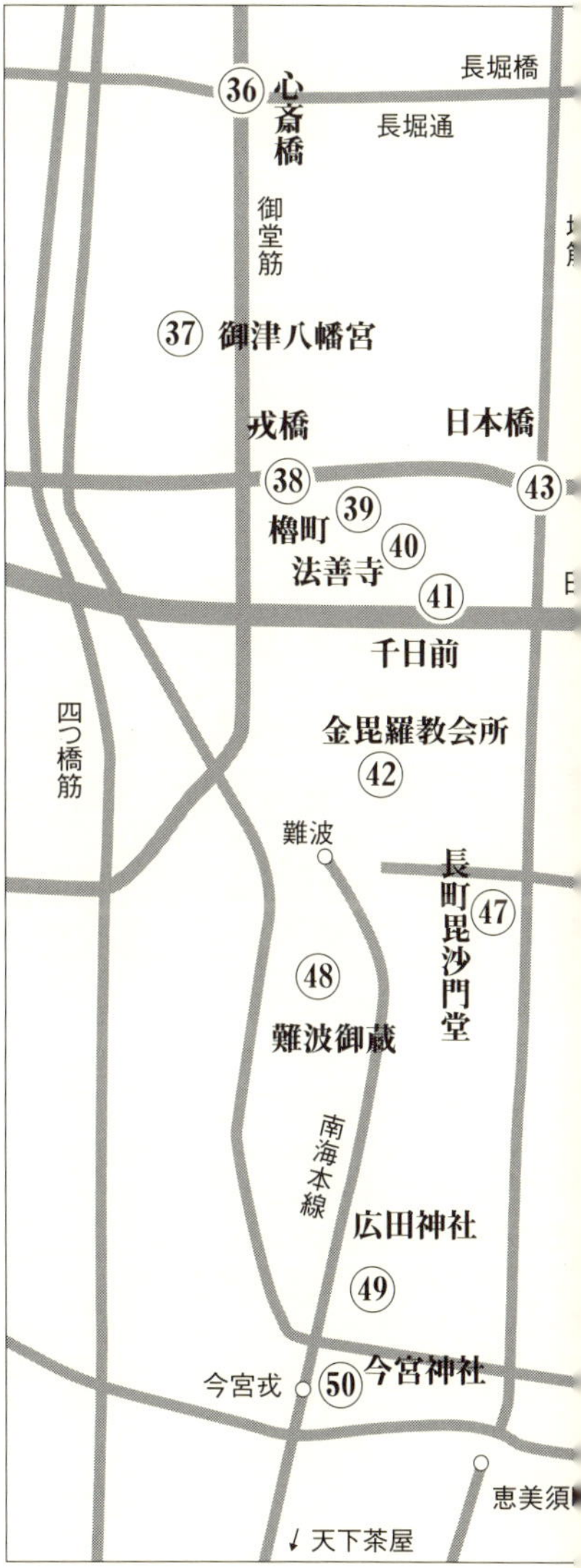
長堀橋
36 心斎橋
長堀通
御堂筋
37 御津八幡宮
戎橋
日本橋
38
43
39 櫓町
40 法善寺
41
千日前
四つ橋筋
金毘羅教会所
42
難波
長町毘沙門堂
47
48
難波御蔵
南海本線
広田神社
49
今宮戎
50 今宮神社
恵美須
↓天下茶屋

36 心斎橋　明治開化の幾何学的構築物

明治四十二（一九〇九）年に完成した石造の心斎橋は大阪きっての名橋として親しまれた。昭和三十九（一九六四）年に撤去された後もしばらく歩道橋に姿を変えており、近年クリスタ長堀のオープンに伴って、ごく一部分ではあるが地下街をまたぐ橋として復元された。

大阪人にとって、石造アーチや彫刻が施された高欄、ガス燈などのモダンながら重厚なその姿は、いかにも歴史を感じさせるネーミングとも相まって、街全体のグレードを示す格好の指標だったのである。

しかし、一代前の鋼鉄製の心斎橋も、明治の人々の耳目をそばだたせる文明開化の象徴であった。琴石描く鉄橋がそれである。アーチ部分は今も当時のままに鶴見緑地に保存されており、この橋が石造橋にも劣らず大阪人に愛されてきたことを物語っている。

元和八（一六二二）年、岡田心斎らによって架けられたという心斎橋は、「町橋」として近隣の町衆によってずっと維持されてきた。それが、大阪では高麗橋の次に早い鉄橋として架け替えられたのが明治九（一八七六）年。道頓堀の芝居町や新町廓《くるわ》に隣接して江戸時代以来の繁華を誇る心斎橋筋に、明治開化の幾何学的構築物がこつぜんと現れたのである。

幕末期から明治初年にかけての心斎橋筋は、大店の書林・本屋が軒を連ねる本の街であった。

ちなみに『大阪名所独案内』の奥付に見える出版人の柳原喜兵衛（河内屋）・此村彦助（同）、発行人の吉岡平助（近江屋）も、本町近くの心斎橋筋に店を構えていた。そして、彼らの店頭に並ぶ書物に眼をやると、心斎橋鉄橋化の頃から木版・和とじの板本に入り交じって精緻な銅版本が目立つようになる。

明治二十年の前後から、心斎橋筋に次々と洋館建築が姿を現し、これと軌を一にして、ボール表紙洋装・

活版刷りの本が増え、挿絵は石版・木口木版から写真銅版へと、今日の書籍に近いものとなる。

鉄橋時代の心斎橋北詰東側には、れんが造りの電信分局があった。琴石はその電信分局の前あたりから南を向いて、鉄橋ごしに南詰両側の楼閣付き洋館を望む構図を選ぶ。

遠景の商家のなだらかな屋根や雑踏が古い繁栄を暗示するものならば、それを圧するような直線的構築物の群れは紛れもない開化のシンボルである。琴石の鉄筆は、精緻な直線を重ねてその永遠性を銅版に刻んだのである。

（熊）

鉄橋の心斎橋は「緑地西橋」として鶴見緑地に残されている

37 御津八幡宮

「アメリカ村」に鎮座

御堂筋八幡町交差点を西へ一筋入ったところ、御津八幡宮が鎮座する。この一帯は、関西人なら誰もが知っている若者の町「アメリカ村」である。まさに関西若者文化の発信基地のまん真ん中に御津宮は鎮座するのである。応神天皇・仲哀天皇・神功皇后を祭神とし、島之内八幡宮とも呼ばれている。

社伝によれば、欽明天皇三年六月十五日八幡大神が御津に現れ、その託宣によって社殿を建立したのが始まりという。現在の中央区三津寺付近に古代の難波津があったとされる。とすれば当地は難波津に含まれていたのであろう。多くの津のうちでも最も主要なものが難波の御津（三津）であった。

「女人あり、難波御津に居て哭く」（『日本書紀』仁賢天皇六年九月条）は、文献に登場する最初の記述である。

「……難波潟　三津の崎より　大船に　真梶繁貫き……」（『万葉集』巻八）は、天平五（七三三）年閏三月に笠金村が遣唐使に送った歌という。

「……芦が散る　難波の御津に　大船に　真櫂繁貫き……」（『万葉集』巻二十）は、天平勝宝七（七五五）年に大伴家持が防人《さきもり》の心を悼んでつくったものである。

つまり、御津は船着き場であり、遣唐使もここから旅立つ重要な港だった。往時の若者が、国の礎《いしずえ》を築こうと出航し、先進文化を受け入れた拠点なのである。

さて、現代の御津八幡宮。まさにアメリカ村のただ中、喧騒の中にある。訪ねる私の格好が妙に落ち着かない。背広にネクタイ姿が最も似付かわしくない町である。

森琴石が訪れた明治初期。彼の日に映った宮は、活気に満ちあふれた浪花の町に鎮座する御津宮であった。今、その活気を若者が担い、さらに異邦人があふれている。きっと、古代の御津もまたこのような活況を呈していたのだろう。古代と現代、御津とアメ村、相通じるものを感じざるを得ない。

境内にたたずむことしばし。現代風の若者が賽銭をあげ、鈴を力いっぱい鳴らし、一生懸命祈る姿を何人もみた。そんな若者にも不安や葛藤を見る思いがしたと同時に、御津宮はここに鎮座すべきと痛感した。

（明）

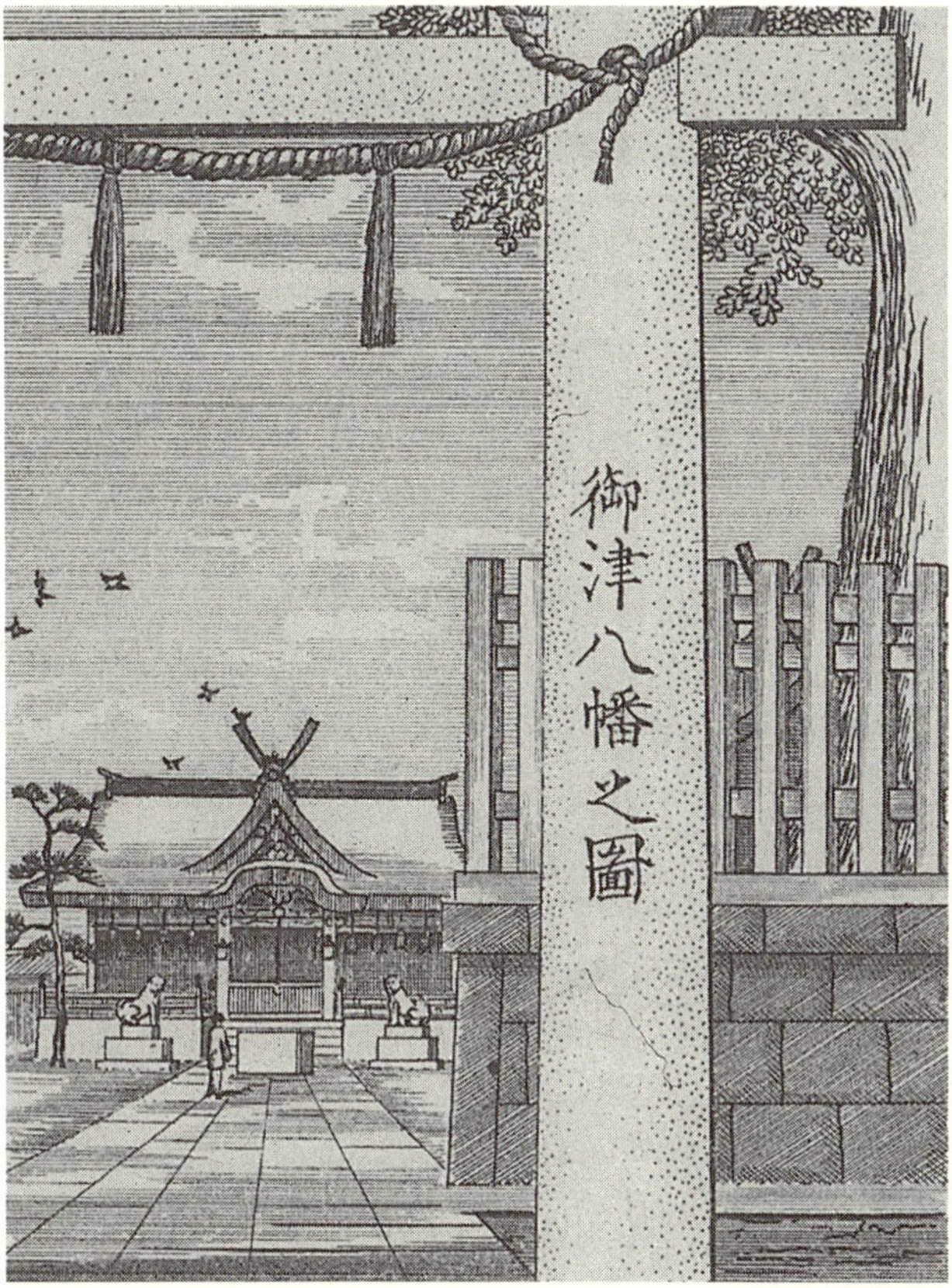

38 戎橋

エピソード豊富な橋

道頓堀の芝居街と、富田屋、大和屋など御茶屋が並ぶ花街・宗右衛門町とを結ぶ戎橋。幕末の気の利いた戯作者なら唐の都、長安の殷賑になぞらえ「赤燈青燈道頓堀……」と漢詩のひとつもひねりかねない。

戎橋は、道頓堀の人形芝居から、元禄頃短期間であるが「操橋」とも呼ばれた。橋の名は大阪の町中から今宮の戎神社へ参詣する道に由来する。

下流にある大黒橋も同様に大国町の大国主神社の参詣道にちなんだものだ。エピソード豊富な戎橋の何を話すか迷うが、今回は秘中の珍談二つを紹介しよう。

ひとつは『大阪名所独案内』に描かれた明治十一（一八七八）年架設の鉄橋が大正十四（一九二五）年、現在の石造の橋になった時の話である。

重厚にして瀟洒モダンな戎橋だったが、平成十九（二〇〇七）年に、新しい橋に架けかえられてしまった。しかし、その先代においてをや、新聞紙上「南地情緒をブチ毀す新式の戎橋が癪だ」の見出しで、新しい橋のデザインに憤慨した南地の名物男がいた。滑稽新聞社で宮武外骨の薫陶を受け、畳屋町八幡筋の角に柳屋画廊を開いた三好米吉である。

「様式があんまりハイカラで博覧会の入口みたいな四本柱、カフエーのやうなランカンまでがどうも宗右衛門町の情緒や五座の櫓の趣味と一致せず」これが「南地情緒の破壊」と米吉は嘆く。どこかで聞いた話と思ったら、京都鴨川のフランス橋反対と似ている。面白いのはその先で、こうなった以上「腹癒せにその川上へ思ひ切つて旧式な便宜橋」を架けようと提案した。

男女二人が並んで歩ける幅の木橋で、独り者からは橋銭を徴収し、夏は氷屋を橋上に出したらどないだと米吉は言う。迷案は実現せず八十年を経たが、本気で言うところが洒落ていて愉快だ。

もうひとつの話は橋の動物誌である。戎橋や太左衛門橋には牡蠣船などの屋形船が係留され、風情を醸していた。その船上での体験談。小説家・内田百閒が「蝙蝠《コウモリ》を一番沢山見たのは大阪の道頓堀である」と記す。「川船の料理店に御輿を据ゑ、暗くなりかけた水面を眺めながら一盞を傾けてゐる目の前を、ひらりひらり、姿を追ふ事も出来ない程沢山の蝙蝠が飛び廻つた」と。百閒は黒澤明監督の映画『まあだだよ』の主人公でもあるが、大阪での意外な蝙蝠の大群に意表をつかれたらしい。

（橋）

39 櫓町演劇場

芝居小屋立ち並ぶ町

櫓町《やぐらまち》という、今はない地名が生まれたのは明治になってから。現在私たちが道頓堀として親しんでいる、日本橋南詰から戎橋南詰の間が、明治五（一八七二）年三月十七日に行われた町名分合改称で櫓町となる。さらにこの櫓町が翌六年十一月七日に相合橋を境に二分され、東側が東櫓町、西側が西櫓町となった。

櫓の町の由来となったのは江戸時代から芝居櫓が並ぶ町だったから。寛永三（一六二六）年に土地繁栄のため芝居小屋が許されて以来、道頓堀南側のこの一帯にいくつもの芝居小屋ができた。

初めのころには粗末な小屋で、浜側（北側）に建てられていたらしい。芝居が繁盛するにしたがい、建物も大きく立派になり、南側に移った。

浄瑠璃が最盛期となった享保年間（一七一六〜一七三六）には、浄瑠璃が四軒、歌舞伎が四軒、からくりが一軒と九つもの小屋があったとか。

享保九（一七二四）年の大火以降は東から竹田座（からくり）、若大夫座（浄瑠璃）、角座（芝居）、中座（芝居）、大西座（竹本座、浄瑠璃）の五座となった。これ以降、道頓堀と言えば五座の芝居となる。

森琴石の明治の初め頃には弁天座、朝日座、角の劇場、中の劇場、戎座となり、「五の櫓、四季共に、興行の絶間なくして……芝居茶屋は軒を並べ、行燈を軒端に掛て、看客の目標とし割亭家、肉舗、鮓店、菓子家此彼に夥しく、比類なき繁昌、街上のにぎわいなる事筆紙に尽がたし」と、集客を大きな目標とする現代の役所には羨ましい世界が展開していた。

平成十四（二〇〇二）年九月九日に旧中座が解体作業中に炎上し、芝居の名残火が完全に消えたと惜しまれた。しかし、劇場としての中座が閉館したのは知ってのとおり平成十一年十月のこと。事故による火災で残っていた建物が突然姿を消したことが大きな感慨をよんだ。道頓堀から芝居の灯《ひ》が消えたことを悲しむ人は多い。このような状況となったのは、冷たく言えば「道頓堀の芝居」が現代に生きる私たちの楽しみの対象でなくなってきたからに他ならない。

浪花座の跡地にも中座の跡地にも新しいレジャービルが建てられた。原色の美しい服屋さん、手軽な食堂、これらを目指してたくさんの若者が集まってくる。海外からの集団も年々増加しているように感じる。時代に応じて変化し、成長していくのが道頓堀である。

（伊）

「南之方」二

40 法善寺

古くから多くの参拝客

平成十四（二〇〇二）年の中座の火事以来、ひとしきり話題の中心になった法善寺横丁であるが、その騒ぎももはや落ち着いた。人は今あるものより、失われたものへの執着が強いようで、日ごろあまり注意を払わなかった者までが法善寺横丁についての蘊蓄《うんちく》と歴史を語り、まるで大阪人の心のふるさとであるかのように奉りはじめたのには苦笑を禁じ得なかった。

盛り場を語る時、その言葉が力を持つのは、それはその人の等身大の言葉だけだ、と思う私などは、法善寺横丁と言えばうまい焼き肉屋と気の利いたバーに行けなくなって残念だということに尽きる。そんな思いを持ちながら、森琴石描くところの「法善寺内之寫図」のなかに百数十年前の法善寺を見てみたい。

琴石の描く法善寺は冬の風景であろうか、空が広く澄みきって木々は葉を落とし境内を行く女性の身支度も冬のそれである。のんびりした中に清浄感さえ漂う風情であり、今の雑踏の中のエアポケット的空間とは趣を異にしている。

左手から中央にかけて描かれているのは金毘羅堂であろうか。今でこそ歌謡曲の歌詞を持ち出すまでもなく水掛不動が有名であるが、当時は法善寺といえばこの金毘羅堂がその信仰の中心であったらしい。

法善寺は江戸時代の初期にこの地に建てられたのだが、道頓堀の裏側にあって芝居見物などで人が多く集まる場所に近いうえ、古くから「千日念仏」を行って多くの参拝客を集めたという。そのため戦災で本堂などの建物が失われるまでは大きな寺として広い境内をもっていた。

中座炎上の新聞記事などで、類焼したところも含め飲食店が立ち並ぶ法善寺横丁全体が法善寺境内であり、同寺のものであったことを知った方々も多いと思う。この絵が描かれた明治十五（一八八二）年頃にはすでに現在のように飲食店や演芸小屋が軒を連ねてほぼ今の原形が出来上がっていたようである。

したがって、参拝に訪れる善男善女ばかりでなく、私のように遊興を求めてやってくる悪男悪女（?）も多く賑わっていたのであろう。絵の中ではお堂の奥に庇《ひさし》掛けした茶屋のようなものと所在無げに歩く「悪男」二人が描かれ、遊興の地の雰囲気が出ている。

（菅）

41 千日前　道頓堀の背を追って

大阪の盛り場の多くは江戸時代に何らかの原形があるものだが、この千日前は明治になって突然現れた繁華街である。

江戸時代のこの地には、法善寺をはじめ、今もある竹林寺、道を挟んで東側に道頓堀一丁目に移転した自安寺、そして高速道路の下あたりに刑場があった。通りを南に向うと火葬場とそれを支配していた千日山安養寺の六つの坊、周辺には大阪七墓のひとつに数えられた千日墓地があったという。

お寺、大墓地、刑場、火葬場、さらには火葬場に残された灰と頭蓋骨の山という、人生の終着点かあの世への入り口のような場所だった。

大変化が起こったのは明治三（一八七〇）年、刑場が廃止され、墓地と火葬場が阿倍野に移されてからである。明治五年の初めには墓地や人骨の灰山がいわば持参金付きで払い下げられ、当世風にいう再開発が始まったのである。

道頓堀の芝居街を南に入った一帯である。人を寄せるのに不可能な土地ではない。野心を持った若い興行師たちが、瞬く間に見世物小屋と夜店の街を造り出した。蓆《むしろ》掛けの雨漏りするような小屋がいくつもでき、曲芸軽業の一座から演芸、馬芝居、猿芝居、当時は珍しい象の見世物もあった。

さらに奇抜なところで「女の力持、墨塗り尻角力。……首が延びて行くろくろ首。……写真を眼鏡で覗かせる覗き屋、……鳥羽から出たという海女の水中芸。女の首切り、仙台生まれの大女」、人も乗せて走った機関車の模型、人に電気を通してしびれさせる「エレキ」の見世物などなど、今では到底文章では表現できないものはもちろん、人的・物理的に実現できないようなもの、さらには想像さえできないものが並び、人間の興味と商魂の百科事典の様相を示していた。それ

らを実現した興行師たち、そこに出演していた芸人たち、そしてそこに集まった人々、三位一体となったヴァイタリティーのるつぼであったに違いない。

明治十二年には大火があり、これらの仮設小屋は一掃され、木造の本格的な興行の街に変わっていく。われらが琴石画伯は墓場から見世物小屋、そして道頓堀に追いつこうとする活気あふれた興行街へと変転していく千日前の姿を目の当たりにしていたに違いない。

（菅）

42 金毘羅教会所

繁華街の中で賑わう

「金毘羅《こんぴら》さん」と言えば、讃岐琴平と相場が決まっている。しかし、そこまでお参りに行けない人のために、全国各地に神さんを移して、分社をつくっている。江戸時代、大坂での代表的な「金毘羅さん」は、讃岐高松藩の蔵屋敷にあったものと、千日前の法善寺にあった金毘羅堂であった。今では法善寺といえば水掛不動だが、現在でもその横に金毘羅堂は健在だ。法善寺の北、道頓堀からは讃岐金毘羅参りの船が出ていたので、その影響もあっただろう。

この『大阪名所独案内』の「金毘羅さん」も千日前にあったという。「榎神社西南ニアリ」だという。江戸時代の千日前を描いた絵を見ても、榎神社はあるが、その南には灰山があるだけだ。

それもそのはず、この「金毘羅さん」は、もともと西横堀木綿橋東詰北入西側（現在のアメリカ村の端の方）にあった讃岐金毘羅出張所が、明治十二（一八七九）年頃に移転してきたものなのである。新名所である。

本殿と社務所がその時造営された。明治十二年というと千日前に大火があり、本格的な興行街として再スタートを切ろうとしていた頃である。明治初年に廃された榎神社を、千日前開発主の一人である奥田弁次郎が私財を投じて再建した頃でもある。

この「金毘羅さん」は「新金毘羅さん」と呼ばれ、繁華街の中で賑わった。法善寺の金毘羅堂、竹林寺の弘法大師、自安寺の妙見宮、長町（現在の日本橋電器屋街）の毘沙門天を巡拝する人もいたようだ。

この「新金毘羅さん」の北側に、明治十九年に巡査出身の興行人が講釈席を開き、同二十九年にはそれが新築されて弥生座となった。弥生座は最近まで映画館としてあったが、平成十六（二〇〇四）年に閉館した。

私が子どもの頃には、千日前を南に行き、道具屋筋のアーケードに入る手前の西側に駐車場のような空き地があり、そこに「金毘羅さん」があった。ちょうど弥生座の南側である。

今では大きなビルとなり、大阪府立上方演芸資料館（ワッハ上方）と書店が入っている。今の大きなビルからは「金毘羅さん」をしのぶことは難しい。榎神社は、昔の大劇（現在はホテル）の北側の路地に今でも祠《ほこら》がある。

（八）

今は大きなビルが建ち「ワッハ上方」と書店が入っている

43

日本橋

陸海上交通の拠点

お江戸「にほんばし」、大阪は「にっぽんばし」。「日本」の二通りの読みは、橋ができる遥か昔からしいが、俗にいう対抗意識の結果か否かは定かでない。

日本橋は江戸時代初期に道頓堀川の開削とともに架設され、幕府によって管理された公儀橋のひとつである。当時の資料から、橋は長さ約四十メートル、幅六、七メートルの木橋であった。江戸の日本橋は、江戸の中心、諸街道の起点であったのに対し、大坂の日本橋は住吉、堺に至る紀州街道の入口、金毘羅船などの発着場であり、陸海上交通の拠点であった。

紀州藩の大名行列はもとより、多くの通行人、牛、馬が行き交い、大小の旅宿が軒を連ねた。後に黒門市場へ継承される魚市がたち、売り買いの人で往来もままならなかったようだ。道頓堀の南側に目を向ければ、大坂中の芝居小屋が集まった一大遊興の地があり、日本橋はまさに賑わいの中心にあった。

こうした光景は明治十（一八七七）年に木橋が鉄橋となり、琴石に描かれる時代を迎えても、同様であったことを『大阪名所独案内』は伝える。大きく変化したのは明治四十五年の市電堺筋線の開通による。橋は鋼橋となり、道路幅と同じ二十二メートルに大きく拡幅された。堺筋は中央に市電、両側に車道、プラタナスの街路樹と近代的な姿に生まれ変わり、御堂筋が開通する昭和初年まで大阪のメインストリートとして君臨した。

現在の橋は昭和四十四（一九六九）年、地下鉄建設に伴って架け換えられたものである。道頓堀川両岸の埋立てもあり、橋は長さ、幅とも二十八メートルと寸《ずん》胴《どう》になった。琴石が描いた橋の面影は、風情とともに失われてしまった。

今日、大阪「日本橋」といえば「電器の街」として知られる。日本橋三丁目から恵美須町にかけての一帯は、戦前は古書店・呉服商の街として有名であったが、大空襲によって壊滅的な被害を受けた。戦後、露天市で電器の中古部品が出回り、これを目当てに集まったアマチュアたちが今日の街の原形を創り出したと言われる。パソコンや携帯電話ショップが幅を利かす表通りから、少し裏手に入ると真空管や各種パーツを扱う店が健在で、昔ラジオ少年の心を今もくすぐっている。

（岡）

44　二ツ井戸　粟おこしの「津の清」が井桁を保存

大阪の名所二ツ井戸。私も二つ並んだ井戸を見たことがあるが、この井戸の歴史については十分に調べたことはなかった。今回琴石に連れられての見物を機に、井戸の歴史を調べてみた。

二ツ井戸があったのは東西方向の道頓堀と、南北方向の東横堀が直交する南角、道頓堀を東に行き、松屋町筋へ出る少し手前であった。

寛永十一（一六三四）年、「今の堀詰、二ツ井戸辺は野原の川端にて……」とあるのが、この井戸の最初の記録らしい。二ツ井戸といわれたのは、長方形の石の井桁《いげた》で、真ん中を石板で仕切った二つの井戸が並んだ形をしていたから。

二つのうち一方は味の良い水で、遠方からもらい水に来るほどであった。もう一方は飲み水には適さず、近辺で操業していた鋳物用の水として用いられた。

東横堀南詰の地は、水運が中心であった時代、船で運ばれてきた物の荷揚げ場だったので、二ツ井戸のあたりは物資と人の集まる場所であった。集まる人を目当てに井戸の西側で商いをしていたのが粟おこしの「津の清」で、「二ツ井戸のおこし」として有名となった。

『摂津名所図会』にも登場する二ツ井戸であったが、四つ辻の中央に当たっていたため、明治時代になると、増加する陸上の交通の妨げになるということから明治五（一八七二）年に埋め立てられてしまった。「二ツ井戸のおこし」の「津の清」がこの井桁を店頭で保存し、店のシンボルとしていた。

かろうじて井桁だけが伝えられてきた二ツ井戸であったが、第二次世界大戦の空襲で「津の清」も井桁も焼失してしまった。

戦後「津の清」は東横堀の南詰の地点から西へ百五十メートル余り、現在の文楽劇場の北側の地点に再建され、合わせて二ツ井戸も模造復元された。

昭和二十七（一九五二）年九月に、模造復元された井戸の地点に「二ツ井戸 舊蹟《きゅうせき》」という石碑が建てられた。私の見た二ツ井戸は模造復元されたこの井戸であった。

先日、文楽見物の帰りに再建二ツ井戸の辺りをブラッとしたが「津の清」は他所に移転し、復元された井戸はなくなってしまっていた。（伊）

『摂津名所図会』より「二井」

45 松井吉助庭

幕末園芸ブームの先駆け

花鳥風月を愛する文人画家森琴石翁は、遊興の巷《ちまた》を少し離れ「風雅に花でも愛でましょう」と高津宮のある方へ戻ってきた。

二ツ井戸より東へ二丁、高津石段下は高津五番町にある「松井吉助庭」は、江戸時代より知られた当世風にいう園芸店である。幕末の花木愛好の園芸ブームから、丹精こめて牡丹や菊や朝顔を育て競う人も多かった。

『大阪名所独案内』の文章は凝った名調子で、名花咲き乱れる庭の様子がありあり伝わるが、実はこの文には〝種本《たねほん》〟があった。幕末に成立しながら未刊行に終わった暁鐘成著『摂津名所図会大成』が吉助庭を紹介した「種樹屋花園」とそっくりなのである。

ここではより詳しい『摂津名所図会大成』の案内文を現代風にアレンジしてみよう。「浪花で栽種を商売にする家は多く、下寺町や天満に集るほか北野、曽根崎、難波新地にあるが、なかでも高津の吉助はその先駆け、魁《かい》である。前栽に日本・中国の名木が植えられ『荘子が八千代の椿』『赤栴檀の香木』などあって諸州へ船で送られている……四時の花は絶えず、見なれない珍奇の品種も鉢で育てられ、初夏の牡丹、晩秋の菊など、咲き誇る花壇の美観に見物客も群がっている」と。

さらに明治時代、高津宮の東側、梅ケ辻には菊人形を興行する翫菊庵《がんぎくあん》もあり、界隈は〝花の都〟であった。翫菊庵は明治三十八（一九〇五）年に閉ざされたが、その技術が枚方菊人形の源流となったという。それも惜しまれつつ終わってしまった。

ところで大阪は昔から緑豊かだったのだろうか？二人の小説家が違う意見を書いていて迷ってしまう。昭和十一（一九三六）年、宇野浩二が新風土記叢書『大阪』に「木のない都」、昭和十九年、織田作之助が

「木の都」を書く。木の都も、木のない都も大阪のことだ。宇野は花街の宗右衛門町、織田は神社仏閣の多い生玉で育った。高津宮を挟み、上町台地の上下それぞれの町の特色をいえば確かに〝緑〟の量は異なり、わずか一キロも離れず正反対になるのが面白い。織田が先輩にちょっと対抗したのかも――。

琴石翁ならどちらに軍配をあげるか尋ねようとすると、美しい花園に感興が湧いた画伯は「見なされ、胡蝶の群れが乱れ飛んで」と写生帳に絵筆を走らせていた。

（橋）

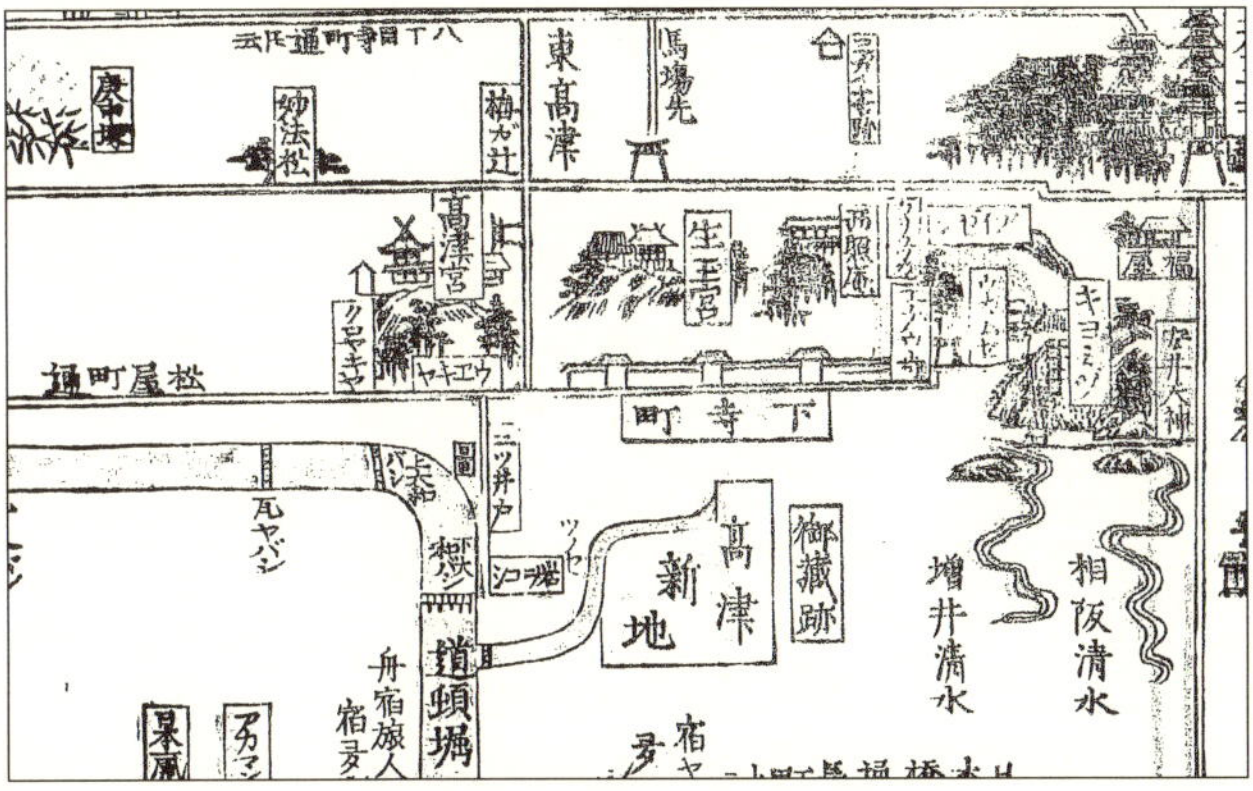

『浪華名所独案内』では、高津宮の下（西）に「ウエキヤ」とある

46 遊行寺

芸能関係者の墓所の宝庫

遊行寺と聞いて、「はて、市内にそんな名前のお寺があったかいな」と思われる方も多いだろう。実は下寺町の南端にある、時宗《じしゅう》を宗旨とする円成院こそがそれである。正しくは佛智山円成院極楽寺であるが、ここでは琴石さんにならい遊行寺と呼ぶことにしよう。

かつてはインギョウデラとも呼ばれ、境内に薬師堂・鐘楼・役ノ行者堂・閻魔堂などが立ち並んでいた。琴石の絵にも、堂々たる門構えの奥に本堂が見える。寺の西側には芭蕉茶屋と呼ばれる茶店もあり、四天王寺にお参りする人々で賑わったという。

けれど残念なことに、戦禍によりお寺の建物はすべて失われてしまった。松屋町筋の拡張によっても下寺町界隈の様子はずいぶん変わったが、今でも時宗のお寺は遊行寺だけである。

遊行寺の沿革は、聖徳太子が勝鬘経をここで講義したのが始まりとの説もあるが、鎌倉時代に一遍上人が四天王寺に参詣した折、庵を構えてしばらくの間修行したのが始まりともいわれている。

一遍は時宗の開祖で、「常に臨終のような心持ちで念仏を唱えることで極楽往生はかなえられる」と説いた。鉦《かね》や太鼓で踊りながら念仏を唱和する「踊念仏」で諸国を遊行した一遍は、民衆に圧倒的に支持され、ついには遊行上人と呼ばれるようになった。遊行寺という通称も、一遍の教えを継ぐ人々が代々修行に励んだのでその名が定着したらしい。

もうひとつ、遊行寺で忘れてならないのが墓地である。現在の本堂と大江神社西側の崖の間に隠れるようにあり、いつの頃からか、浄瑠璃の太夫・落語家・役者など、芸能関係者の墓所の宝庫となった。

宝庫とはいささか不謹慎であるが、居並ぶ名人・名優の墓標を前にすると、お囃子と喝采が聞こえてきそうである。あちらでは、さぞ贅沢な舞台が繰り広げられているに違いない。

彼岸の演目を考えつつ、寺を出て南の愛染坂を上り、大江神社から西をのぞむと、西方浄土に累々と続く人間世界のビルが見えた。極楽はまた少し遠くなったようである。

（松）

47 長町毘沙門堂

関西屈指の電器屋街

「長町」といわれてもほとんどの方は、大阪市内のどこにあった町か知らないだろう。しかし「でんでんタウン」といえば、関西屈指の電器屋街として知らない人はいない。この界隈の江戸時代の町名が長町だったのである。

由来はこうだ。道頓堀に架かっている日本橋からまっすぐ南下する道路沿いに開けた町を総称して長町と呼んでいた。この町の南端は鼬《いたち》川上流に架かる名《な》護《ご》橋となっていたことから、長町は北から一―九丁目まで続く南北に長い町であったことが分かる。

しかし、もとから長町と呼んでいたわけではなく、明暦元（一六五五）年刊「大坂三郷町絵図」には、北から長町半町・新介町・甚左衛門町・喜右衛門町・けかわや町・谷町・おはり坂町・かさや町・茂介町と町名が付けられていた。

延宝八（一六八〇）年、喜右衛門町が長町四丁目、谷町が長町六丁目に変更され、元禄六（一六九三）年に長町一―九丁目となった。そして寛政五（一七九三）年、地元の請願によって長町一―五丁目が、現在われわれがよく知っているでんでんタウン、日本橋一―五丁目になったのである。

この長町界隈は、大都市大坂の南の出入り口に当たるため、旅籠屋・木賃宿が多く存在し、ひやうたん河内屋・ふんどう河内屋という数百人が宿泊できる旅籠屋が浪花の名物として紹介される。

また、浪花の名物名産として、長町で生産されていた傘を挙げることができる。「長町二丁目辺より六丁目までの間左右の傘の職家軒をつらね、さる程に近隣の裏住の男女老若ともに其下職をなして為業すること一円なり」と『摂津名所図会大成』に記される。傘干しの風景は大坂の名物として浮世絵の画題ともなっている。

この長町六丁目に高野山真言宗大乗坊がある。今の日本橋四丁目である。もともと倉敷の正慶という僧侶が難波村へ来て、毘沙門天の修法を得て人々の病を平癒し、さらに願望成就をかなえ、のちにこの町に大乗坊を建立したと伝えている。

参詣する者多く、面屋と名付けた茶店を出し、近隣には料理屋ができてたくさんの芸妓たちが参拝したという。本尊の木造毘沙門天立像は国の重要文化財。以前は六十年に一度のご開帳であったが、今は年に二度ご尊顔を拝することができる。

（明）

48 難波御蔵

江戸幕府直轄の米蔵

江戸時代、幕府への年貢米は江戸へ廻送されるものと、大坂の蔵に蓄えられるものがあった。大坂に幕府直轄の米蔵が設置されたのは、享保十七（一七三二）年に西南諸国にイナゴによる大きな被害があったことがきっかけである。

米価が急騰したため、幕府は米を供出して窮民を助け、職を与え、自活させようとした。この年の十一月から工事に入り、東西七十間（百二十六メートル）南北百八十間（三百二十四メートル）の土地に八棟の米蔵を建設した。

米蔵への路線として道頓堀から運河を開削。工事に従事した民には即座に労賃を与え、自活を助けたという。米蔵までの総延長は約八百メートル、幅約十四メートル、運河の端には三十六メートル四方の船着き場を設け、米蔵と道頓堀は直結した。

この米蔵が難波御蔵であり、開削された運河は難波入堀川あるいは難波新川と呼ばれた。今日、米蔵の面影は地上からはまったく消えてしまったが、大阪球場があった場所と言えば、こちらの方ならすぐにお分かりになるだろう。

天王寺村にも宝暦二（一七五二）年に御蔵が設置され、天王寺御蔵、あるいは高津新地御蔵と呼ばれた。こちらの御蔵は湿地であったため、貯蔵している米が傷むので寛政三（一七九一）年に難波御蔵に統合された。難波御蔵は規模の大きさから、住吉大社や阿弥陀池和光寺などと並んで江戸時代の大坂観光名所のひとつだった。

明治の初年、琴石の頃には大蔵省の所管する米蔵となっていた。その後、明治三十一（一八九八）年に専売局の煙草工場となった。私たちの記憶に残る大阪球場は専売局の工場跡地に昭和二十五（一九五〇）年に竣工した。道頓堀と御蔵、その後の煙草工場を結んでいた難波入堀川は使命を終え、昭和三十三年に埋め立てられた。

昭和六十三年、南海ホークスとともにあった大阪球場も役割を終えた。周囲のスタンドを残したまま住宅展示場として利用されていたが、現在はなんばパークスとして生れ変った。その一角は場外馬券場（ウインズ）となっている。窮民を助けるために設置された米蔵の地に、窮民の救済とはちょっと結び付きにくいギャンブルの施設ができたことは、時の流れとはいえ、皮肉な巡り合わせである。

（伊）

49 広田神社

「赤エイ」の神社として知られる

今宮といえば「えべっさん」の名で親しまれている戎神社が有名だが、広田神社はその少し北にあり、もとは旧今宮村の産土神《うぶすながみ》であった。また古くは住吉街道が境内のすぐ横を通り、多くの人で賑わっていた。

寛政六（一七九四）年刊の『住吉名勝図会』は、大坂から住吉へ至る街道として二つのコースを紹介している。ひとつは堺筋から日本橋を渡って長町を抜け、突き当たりを西へ一丁ほど行くと今宮村札の辻へ出るので、そこを左へ折れてさらに南へ向かうというもので、これが本街道であった。もうひとつは、心斎橋筋から心斎橋を渡って難波新地、さらに難波御蔵の前を南へ進み、戎神社の前で東へ折れて今宮村札の辻へ至るコースで、広田神社はこの脇街道の途中に位置したのである。

その頃、広田神社が建っていたあたりは樹木がこんもりと生い茂り、「広田の杜」と呼ばれていた（『摂津名所図会』）。また、安政二（一八五五）年刊の『浪華の賑ひ』によると、広田神社の門前西側に「萩の茶屋」と呼ばれる茶店があり、庭には紅白の萩が植えられて遊客を喜ばせていた。『住吉名勝図会』には、広田神社の門前、街道の西側に茅ぶきの茶店が建ち、そのなかで人々が休んでいる様子が描かれている。これが萩の茶屋であろう。現在の萩之茶屋の地名は、この茶店に由来するという。

今日の広田神社は昔の賑わいは見られず、広田の杜の面影もすっかり失われている。境内も社殿が新しくなっているが、隅にまとめて置かれている灯籠や常夜灯には、延享四（一七四七）年、明和五（一七六八）年などの刻銘が見られ、当時の趣を伝えている。『住吉名勝図会』には門前に灯籠が並ぶ様子を描くことから、これらは門前に立っていたものであろう。

また、いつの頃からか「赤エイ」の神社として知られるようになった。広田神社では赤エイは神の使いとし、赤エイを禁食した。そして、その絵馬を奉納すれば病気が平癒するというわけである。実際、赤エイを描いた大きな絵馬が拝殿に奉納されている。（新）

50 今宮神社　新春の「十日戎」で有名

「えべっさん」。なんと親しみを込めた呼び方だろう。「天神さん」にしろ、大阪ほど神を気安く扱う地域も珍しい。ご存じの通り、今宮神社（あるいは今宮戎神社）は「十日戎」で知られ、毎年一月九日宵戎から十一日の残り福の三日間には百万人以上の参拝者で賑わう。「商売繁盛、笹持って来い」は、大阪の庶民にとって新春を飾る、なじみの深い祭礼である。

えびす（戎・恵比寿・夷）は、中世以来七福神のひとつに挙げられ、福徳を招来する神として広く庶民に信仰された。元来、「えびす」は異境・辺境に住む人間を指す語であったが、いつの頃からか漁民によって海の彼方から幸をもたらす神となった。

今宮の地は古くは今宮浜と呼ばれた漁村であり、えびすは漁民によって祀られた守護・豊漁の神であった。この「漁業の神」に「商売繁盛の神」が加わるのは、平安末以降、四天王寺西門前の「浜の市」に今宮の漁民が深くかかわり、えびすが「市の神」として祀られるようになったためと言われる。

江戸時代に入ると十日戎が始まり、大阪経済・市場の発展とともに成長した。元禄（一六八八〜一七〇四）の頃には、華麗な宝恵駕籠《ほえかご》行列や献鯛行事など現在の形態を整えたと言われる。

『摂津名所図会』には、家業を休んで、市中の六、七割が参詣したことや、耳の遠いえびすに願いを伝えるため、裏側の羽目板が打たれる喧騒が記される。

明治に入り、琴石の時代になっても、この様子は変わらない。この後の大きな変化は昭和二十（一九四五）年に戦災で社殿が焼失したことである。昭和三十一年に再建されたが、より多くの参拝を受け入れるためか、拝殿は本社に接近して壮麗化し、往時とやや趣を異にしている。

子どもの頃、親に連れられて、毎年「えべっさん」

に詣った。人込みの中、いつまでも拝殿に近づけず、途中の広田神社もえべっさんの社殿の一部に見えて、広大な境内のイメージが記憶の中にある。後年、人気のない同神社を訪れたが、そこはまったく別天地であった。繁閑の著しい神社という点でも、大阪随一であろう。

（岡）

51 聖天山　西海を望む景勝地

「聖天」とはインド神話のガネーシャ神のことで、仏教に取り入れられてから障害を排除する神とされた大聖歓喜天のことである。「天下茶屋の聖天さん」として知られる海照山正圓寺における聖天信仰は、享保八（一七二三）年、聖天堂が再興されてから盛んになったというが、本尊の大聖歓喜天は、慈覚大師円仁（七九四〜八六四）が唐への渡航に際し、船待ちの折に彫像したものとの伝えをもつ。

当山の開基は古く、天慶二（九三九）年にさかのぼり、当初は現在の場所から五町東にあって、阿倍寺の一坊であったという。その後、大坂夏の陣による兵火を被り、元禄年間（一六八八〜一七〇四）に現在の地に移り、西海を望む地形にちなんで山号を海照山とし、寺号を正圓寺と称した。

琴石の描いた聖天山の図には、鳥居の根元から真っすぐに続く急な石段が見られる。登り切ったところに小さく描かれた人影から、この石段の坂の長さがうかがい知れる。また、鳥居の傍らには地蔵尊が祀られているのが分かる。

琴石が目にしたたたずまいは、今もその面影を残しており、鳥居や地蔵尊などから、描いた場所をおよそ特定することができる。構図の半分を樹木で埋めた琴石には、この急峻な坂に引かれるところがあったのだろう。確かにこの場所は南・西・北に開けており、特に西に向かっての眺望に優れる。

こうした立地から、この一帯にいくつかの古墳が造営された。寺域内に百メートルを超えるような大型の古墳があったとする説もある。また、聖武天皇が国家鎮護のため霊宝を埋めたとの言い伝えもあり、「聖武帝山」と呼ばれたのが「聖天山」の名称の起こりだともいう。

聖武天皇は大仏建立に半生を捧げたが、その大仏

（毘盧遮那仏）が聖天の本地仏であることも何かの縁のように思えて面白い。

今も熱心な参拝者が後を絶たない境内の至るところに、聖天のシンボルである大根や、巾着形の図柄が見られ興味を引く。また、聖天堂の横手から、西方に広がるかつての海辺の情景を思い浮かべてみるのもよい。

（桜）

52 天下茶屋　秀吉ゆかりの茶店

紹鷗《じょうおう》の森として知られる天神の森天満宮の西、住吉街道から少し奥まったところに、大きな楠と土蔵などが建つ小さな広場がある。天下茶屋という地名の由来となった茶屋・小兵衛屋敷があった跡である。

天下茶屋村は、もとは勝間《こつま》村の出在家で勝間新家村と称されていたが、寛政十（一七九八）年刊の『摂津名所図会』によると、その昔豊臣秀吉が堺へ往来した時に、この地にあった茶店で御輿を止めて風景を賞したことから、天下茶屋の地名が付いたという。その茶店というのが小兵衛屋敷である。寛政六年刊の『住吉名勝図会』には、「その時の茶器并びに殿下入御の亭今なほ存せり」と記されており、秀吉が立ち寄った時の茶器と亭が残っていたと伝える。さらに安政二（一八五五）年刊の『浪華の賑ひ』も、秀吉休息の建物の跡が茶店の庭中にあると紹介している。当時、小兵衛屋敷は天下茶屋として、世に知られていたのである。

屋敷の様子については、『摂津名所図会』や『住吉名勝図会』の挿図からわずかにうかがうことができる。街道に面して北寄りに主屋とその南には門が続き、門を入ると広い庭で、左手には供待と思われる建物が配されている。また主屋の裏は角屋《つのや》となり、縁が回ることからここは座敷であったのだろう。庭の奥にはさらに中門と垣によって庭園が区切られ、離れが建っている。広場に立つ説明板によると、主屋の裏には池に面して御殿が配され、また庭には龍の間及び鶴の間からなる離れ、さらにその奥に太閤茶室が建っていた。敷地は約五千平方メートルと広大で、かなり立派な屋敷構えであったことが知られる。

しかし、これらの建物は惜しくも昭和二十（一九四五）年の戦災で焼失し、さらに屋敷地も開発されて、往時の面影を伝えるのはわずかに広場だけとなってしまった。広場に残る土蔵は豊臣秀吉を祀った祠で、もとは屋敷地の西北隅に位置していたが、のちに小兵衛家の子孫である芽木《めき》家から土地とともに大阪市へ寄付された。現在、この広場は大阪市の顕彰史跡となっている。（新）

53 津田是斎薬舗

茶店も兼ねた薬屋

天下茶屋は住吉参拝や堺、紀州への交通の要衝で、落語「住吉籠」などが往時の街道の賑わいを伝える。その天下茶屋の名所のひとつが〝和中散《わちゅうさん》〟という薬で有名な津田是斎《ぜさい》薬舗であった。普通の町の薬屋ではない。旅人が憩う茶店も兼ねた。さしずめ今なら「道の駅」である。

『大阪名所独案内』の案内を現代風に砕けば「津田是斎薬舗は村の旧家。寛永四（一六二七）年、薬屋を開業して和中散という散薬を諸方に広めた。店先で大車を人力で回転させ、数個のひきうすが薬種をひき粉末とする。薬の効果は諸病を治癒し、中暑《しょあたり》に験あり。店構えは数十間、床几を並べ往来の衆人に薬を施す。最近、大功餅《たいこうもち》の店も始めた」。中暑は暑気あたりのことで、その薬は道中の必需品だろう。大功餅は、秀吉ゆかりの天下茶屋らしく「太閤餅」の洒落。

江戸期の『摂津名所図会』も薬湯を飲み休息する旅人で賑わう店先や、碾臼《ひきうす》に連動した車輪の中、ハツカネズミのように鉢巻き姿の男たちが足踏みして回転させるさまを描く。

しかし琴石翁の挿絵は、店先を面白おかしく描くことなく、つし二階の建物を透視図法でまとめ、画面中央に立つ一本の電柱と電線で製図のように遠近法を強調する。電柱や人力車、帽子に文明開花の香りがするが、絵の印象は今回も琴石らしく謹厳だ。

さて、是斎の庭には壺天閣《こてんかく》という亭があった。漢詩の結社・混沌社の盟主で、木村蒹葭堂《けんかどう》とも親しい片山北海（一七二三～九〇）が由来記を残している。

亭の命名に際し、北海は壺天閣から遠くは須磨や明石、近くは住之江の船遊びを眺望、仲間と杯を重ねて笛や笙で遊んだ。昔の文人は風流ざんまい、琴石翁も「本当は店先より壺天閣の風情を描きとおました」と答えそうである。

なお『大阪名所独案内』も記すが、滋賀県草津市の旧東海道、梅木村に和中散本舗が現存する。是斎の一族が開いた店で脇本陣としても栄えた。人力の車輪や碾臼も残り、建物は国の重要文化財。奇想の画家曽我蕭白の襖絵も有名だ。郷ひろみ、岩下志麻主演の映画「鑓《やり》の権三《ごんざ》」のロケ地であり、江戸時代の旅情を今に伝えている。

（橋）

『摂津名所図会』より「是斎薬店」

54 帝塚山　「一堆の丘」帝塚山古墳

「帝塚山」と聞いて思い浮かべるもの。チンチン電車、高級住宅街、お嬢さん学校、お洒落なブティックや洋菓子店……。

ところが『大阪名所独案内』には、帝塚山は「一堆の丘」として紹介されている。当時はまだわれわれの知る「帝塚山」はなく、この丘とは、国指定史跡の帝塚山古墳のことなのである。

古墳は全長約九十五メートル、高さ約十メートルの前方後円墳で、南海高野線帝塚山駅西へ約百メートルの地に位置する。墓主は不明であるが、古墳時代中期の築造と推定される。市内で唯一、当初の形をほぼとどめた墳墓としても知られる。

本文は「遠山蒼海の眺望斜めならずにして遊覧の勝地なり」と続く。このあたりは上町台地南西端の高台で、古来より眼下に大阪湾が広がり、はるかに淡路島や六甲の山々を見渡す眺望の地であった。

これより地形は、西へ急に傾斜する。坂を下った地点は往時の浜辺で、海はもうすぐその先。現在の粉浜の地名は、その名残である。振り返れば、民家の間に墳丘の樹木が見える。

海岸線は干拓などにより次第に後退し、周辺は集落や耕地として開発された。中世以降、付近を熊野街道や紀州街道が縦断し、旅人や物資が行き交った。寛政六（一七九四）年の『住吉名勝図会』には、住吉街道の背景に帝塚山の名を記した丘が描かれている。古墳は街道筋に近い名所として知られたのか、「上に茶店をかまえている」との江戸末の記録も残る。

明治時代になると、明治六（一八七三）年の太政官布告により各地の名所旧跡が公園として整備され、市民の行楽が盛んになった。住吉大社や新設の住吉公園への道中、見晴らしの良い高台として、この場所に立ち寄る人々も多かったであろう。

明治十八年には難波・大和川間に鉄道が開通した。現在の南海本線である。同二十一年に堺まで延長され、沿線の市街地化が進んだ。末年には帝塚山地域の宅地化が始まり、眺望の良さが人気を得て財界人、文化人などが移り住むようになる。大正末にはほぼ住宅街が形成され、市内随一の邸宅街となった。

現在、古墳は周囲を民家に取り囲まれ、その全容をうかがうこともできない。琴石の眺めた帝塚山は、開発にさらされる直前の、上町台地にそびえる最後の姿であったのだろうか。

（野）

55 生根神社　奥の天神

桃山様式の華麗な本殿

生根神社は住吉大社の北隣（住吉二丁目）にあり、少彦名神《すくなひこな》を祀る。その場所から推測されるように、江戸時代まで住吉大社の有力な摂社だったが、明治五（一八七二）年に分離した。森琴石の『大阪名所独案内』にはこう記されている。

「住吉新家ノ東丘上ニアリ世人奥天神ト云。所祭少彦名神ナリ（当社近年マデ天満宮ト称セシヲ一新ノ後チ神号ヲ旧ニ復シテ生根神ト更ラル、延喜式ノ神ナリ文明年中天満宮ト神号ヲナセシ相傳フ）。社頭末社アリ。社格郷社ニシテ住吉村及ビ近村ノ産土神ニテ八月九月ニ神祭アリ氏子一千六百餘戸アリト聞ケリ」

本殿（大阪府指定文化財）は淀君が寄進したと伝えられ、正面千鳥破風《ちどりはふ》や扉の装飾などに、桃山時代の華麗な様式が見られる。本殿の左後方に「奥天神」の呼称のもととなった天満宮（紅梅社）がある。住吉大社から見てさらに奥まったところに鎮座するということだろう。

ここに祀られる天神坐像は束帯姿《そくたいすがた》で上畳に坐し、両手で笏《しゃく》を執る。彩色を施した檜の寄木造、五十六センチほどの大きさである。像底の銘文によると室町時代の文明十四（一四八二）年十二月二十五日に造立されたことが分かる。

祭神である少彦名神と天神は、しばしば同一視され、一緒に祀られることもあるなど深い関係がある。いずれにせよ、この頃から奥天神として崇敬を集めることになったのだろう。

ちなみに、現西成区玉出西二丁目にも生根神社があるが、こちらは当時の勝間《こつま》村の産土神として「奥天神の生根神社」を分霊勧請した神社である。夏祭りの「だいがく」という提灯飾りが有名。

天満宮の文化財の調査で、初めて奥天神の生根神社を訪れたのは夏の暑い頃だった。境内には樹齢数百年というクスノキやムクノキなど（大阪市の保存樹林に指定）が多く、木陰に入ると涼しく感じられ、都会の喧騒も忘れられる。皆さんも一度「奥」まで足を伸ばされてはいかがだろう。（幸）

56 住吉大社　反橋

本宮門前の蓮池に太鼓橋

大阪の初詣、天満の天神さん、生玉さんと並んで人気が高いのが大阪一円の総氏神として信仰を集める住吉さんである。市街の中心から離れているので、住吉大社への参詣は郊外へ遊びに行く楽しみも兼ねていた。社伝では神功皇后摂政十一（二一一）年に創祀され、本殿は住吉造りと呼ばれる特別な神社建築の様式で、国宝に指定されている。軍神、歌神、船舶の守護神、それに安産や受験の合格祈願などで参拝者が多く、松に鷺の髪飾りの巫女《みこ》さんが社務所で迎えてくれるのも楽しい。

鳥居をくぐり、本宮門前の蓮池に架かるのが、太鼓橋ともいわれる有名な反橋である。豊臣秀頼の時代に創建された石柱木造橋で、木製のためほぼ二十年ごとに架け替えられている。現在の橋は昭和五十六（一九八一）年に完成した。橋の長さ二十メートルに幅五・五メートル、反りの高さは三・六メートルというかなりの急勾配は、神域を画して人々に神社に入る心構えを起こさせる演出だろう。

幼年期を大阪で過ごした川端康成は短編小説『反橋』で「反橋は上るよりもおりる方がこはいものです」と書いている。現在は橋を渡りやすくするために横木を打ち付けてあるが、昔は横木はなくて割れ目につま先をかけて登り、降りるときはかかとをかけて手すりをつかんでこわごわ渡ったらしい。晴れ着の娘やお年寄りが反橋を敬遠して横にある普通の平橋を通ったというのもうなずける。

八月一日の住吉祭には若者たちが神輿を担いで渡り、仲秋の名月には反橋の上で舞楽の住吉踊が披露される。まさに住吉大社のシンボルである。

森琴石の時代から現在まで反橋の光景はほとんど変わっていない。反橋の向こう側に連なる第一本宮から第四本宮は遠くかすみ、松に飾られた橋の造形美が強調されている。

平成三（一九九一）年五月、境内に建つ造形作家今井祝雄のデザインした「住吉万葉歌碑」の下に、千年後の二九九一年に開封される予定のタイムカプセルが埋められた。二十世紀人からのメッセージは果たして無事、三十世紀へ届けられるのか。すでに千八百年近い歴史をもつ住吉大社にふさわしい壮大な夢が、世代を越えて紡がれていく。（小）

57 住吉大社 高燈籠

昔のままの堂々たる姿

住吉公園を西に抜けた国道二十六号沿いに建つ高燈籠は、反橋とともに昔から住吉のシンボルとして名高い。旧来の高燈籠は今の場所より二百メートル西の浜口西一丁目六番地にあったが、昭和二十五（一九五〇）年のジェーン台風で木造の上部が破壊され、昭和四十七年には道路拡張のため基壇の石積みも撤去された。

住吉名勝保存会の尽力で昭和四十九年、鉄筋コンクリート造りではあるが現在の地に同形同大に、かつての姿に復元された。昔と変わらぬ高さ十六メートルの堂々とした姿を誇るが、周辺が建て込んで観賞しづらくなっているのが残念である。

住吉は古くは墨江《すみのえ》といわれ、古代には重要な港があり、海岸線は住吉大社のすぐ際まで来ていた。住吉高燈籠の創建年代は不詳だが、鎌倉時代末期に住吉浦を航海する人々の安全のために漁民が建てたともいわれる。日本最古の灯台という説もある。

江戸時代の『住吉名勝図会』（一七九四年）は高燈籠を反橋と並ぶ名物として紹介し、常夜灯としていかなる時も点灯され続けたと伝える。航海の安全を守る灯台の役目と、海上守護の住吉大社への献燈の意味を併せ持っていたようである。

高燈籠に登った多くの文人墨客は、金剛の山を背に、六甲を右に、紀阿のうすもやを左に、前には淡路の島影を雄大に見晴らしたに違いない。

高燈籠は十三間川と住吉大社表参道の交差場所に架かっていた長峡橋という木橋の東北詰に位置していた。十三間川は大和川が付け替えられて延伸した堀川である。森琴石の「住吉浦高燈籠之図」もこの橋を左端に示し、すらりと均整のとれた高燈籠を向こう岸に望んでいる。

明治十五（一八八二）年頃の高燈籠付近は人家も稀

で、十三間川も広く、西堤には名物の蛤《はまぐり》汁を商う茶屋があり、住吉浦は潮干狩で賑わったという。長峡橋の橋詰は、市中から屋形船で住吉詣をする人たちの発着場として重要な拠点でもあった。

現在、十三間川は埋め立てられて阪神高速道路となっているが、高燈籠跡の南およそ一・五キロの地には十三間川のせせらぎが復活されて憩いを提供している。（小）

58 小町茶屋　長いひしゃくに茶わん

江戸時代、大坂の街道筋には旅人が憩う大小の茶屋があった。このなかには天下茶屋、萩之茶屋のように、時代の波をくぐり抜けて、現代に地名として名を残した「幸運な」茶屋がある。一方、人々の記憶から消え、歴史の中にだけ、その名を残すものも少なくない。小町茶屋もそのひとつである。

小町茶屋は堺、和歌山に至る紀州街道に設けられた茶屋である。住吉大社の西門から南へ数分歩くと、細江川（細井川ともいう）に至るが、この川に架かる御《お》祓橋《はらいばし》の南詰にあった。

今から二百年ほど前に著された『摂津名所図会』によれば、もとは大社前の松原にあり、柄の長いひしゃくに茶わんを載せ、茶を振る舞っていたようだ。さらに、この茶屋の名の由来に触れていて「小町」なる名は、茶店の女主人が夫を持たなかったことによる、と紹介している。

ここにいう小町とは、平安歌人「小野小町」のことである。また、別書には、小野小町自身が行き交う人に茶を勧め、この地を去る時に、長柄のひしゃくを「小町茶屋」の先祖に渡した、という大胆な説も紹介されている。

すでに当時、絶世の美女として伝説化されていた小野小町は、全国各地にその名を残しており、茶店の粋で美人な（?）女主人を小町に見立てたというのが真相に近いところだろう。

小町茶屋は琴石に描かれてから、間もなくして店はなくなって家屋だけとなり、大正の頃にはその家屋も失われた。現在は往時の「のんびり一服」とは対照的に、狭い道を車がひっきりなしに行き交う光景が見られる。たまにはチンチン電車に揺られながら、先の茶屋巡りと洒落てみるというのはいかがだろうか。（岡）

『摂津名所図会』より「住吉小町茶屋」

59 難波屋の笠松

四方に枝葉美しい奇観

紀州街道沿いに発達した町が住之江区の安立《あんりゅう》のあたり。安立というお坊さんがこの地を開発したので安立という地名になったとか、あるいは元和年間（一六一五～二四）に半井安立という名医がこの地に住み、診察を求めてたくさんの患者が近隣に集まって村となったので安立となったとも。

紀州のお殿様の行列が通った際、二階建の建物だと、上からお殿様を見下ろすことになってしまう。そのため安立では中二階しか許してもらえなかった。

この町にあった茶屋のひとつが難波屋。紀州街道が住吉大社の前を過ぎ、安立に入り、細江川を越える橋の南詰にあったのが前回取り上げた小町茶屋。その南に難波屋があった。

小町茶屋の名物は美女の接待とか。ここ難波屋の名物は庭にあった笠のように成長した松であった。大小二株の老松が絡み合い、数本の幹が分かれ、枝葉が四方に笠のような形に美しく伸び、奇観を呈していた。

明治の初め、琴石の頃は「松、幹低く、東西南北に十有余間のび、周囲およそ五十間ばかり」であった。難波屋の笠松はかなりの名所だったらしく、『摂津名所図会』や『住吉名勝図会』でも絵入りで紹介されている。

しかしこの笠松も時の流れには勝てなかったらしく、明治の中頃には枯れてしまったらしい。明治三十一（一八九八）年に刊行された『大阪繁昌誌』には「名木なりしが、枯れ果てたり。今はその迹《あと》に若松を植えて形見とせり」と記されている。

先日、梅雨明けの炎天下、住吉大社から安立町一帯を歩いてみた。目印とした細江川も堅く固められたコンクリート堤に遮断された下水となってしまっていた。小町茶屋にいたような美女にすれ違った以外は、小町茶屋・難波屋の面影はまったく残っていなかった。
帰りは「細井川」駅から阪堺線で、二十一世紀とは思えない時間と、揺れ具合についウトウトしてしまい終点の恵美須町までは夢の中。眠気覚ましには冷たいビールが一番。新世界を抜け「元小町」のいるカウンターに急いだ。

（伊）

『住吉名勝図会』より「なにはやの松」

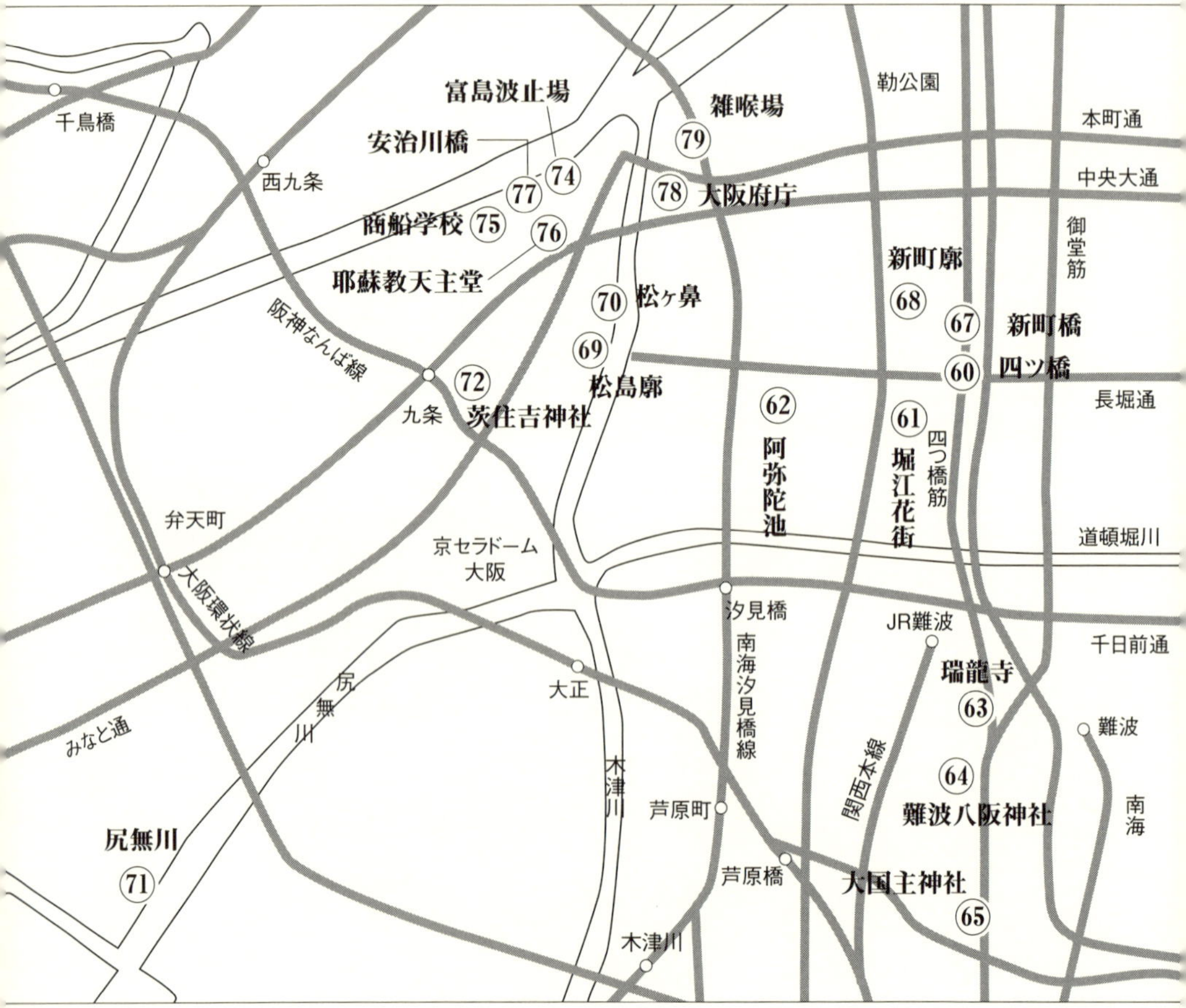
千鳥橋
西九条
富島波止場
安治川橋
74
77
商船学校
75
76
耶蘇教天主堂
雑喉場
79
78
大阪府庁
70
松ヶ鼻
69
松島廓
72
九条
茨住吉神社
阪神なんば線
勒公園
本町通
中央大通
御堂筋
新町廓
68
67
新町橋
60
四ツ橋
長堀通
62
阿弥陀池
61
堀江花街
四つ橋筋
道頓堀川
弁天町
大阪環状線
京セラドーム大阪
汐見橋
JR難波
千日前通
瑞龍寺
63
難波
南海汐見橋線
大正
尻無川
みなと通
木津川
芦原町
関西本線
64
難波八阪神社
南海
芦原橋
大国主神社
65
尻無川
71
木津川

↙ 66 木津川口

「西之方」一

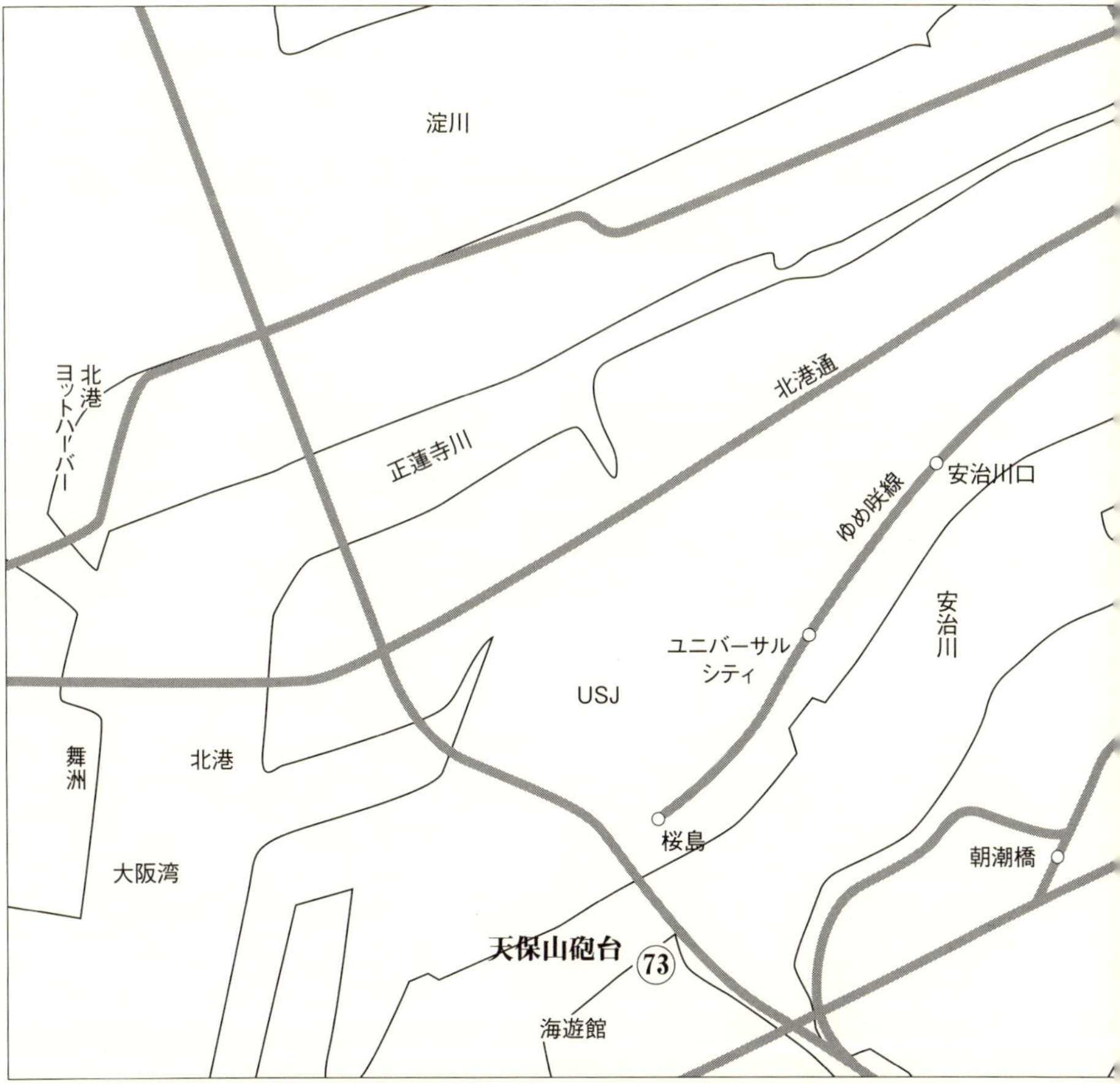
淀川
北港ヨットハーバー
正蓮寺川
北港通
ゆめ咲線
安治川口
安治川
ユニバーサルシティ
USJ
舞洲
北港
桜島
朝潮橋
大阪湾
天保山砲台
73
海遊館

60 四ツ橋

四つの橋、まるで横断歩道

堀川が整備された水の都大坂にあっても唯一の川の交差点。まるで横断歩道のように四つの橋が架けられたのが地名「四ツ橋」の由来である。西横堀川を渡る上繋橋（北）と下繋橋（南）、長堀川を渡る炭屋町橋（東）と吉野屋橋（西）は歴史が古く、江戸初期の十七世紀中頃には四橋がそろっていた。『大阪名所独案内』に「浪花一奇観の勝地」と書かれる四ツ橋を、江戸時代の俳人小西来山が「涼しさに四ツ橋を四つ渡りけり」とうたったように、納涼や観月の名所として名高く、十字の川面を行き交う船も多く賑わった。森琴石はのどかで見晴らしのよい木橋の光景を描くが、わずか百年で高速道路や高層ビルが建ち並ぶことを誰が想像しただろう。

上繋橋は俗に縁切橋といい、明治中頃まで夫婦や恋人は通行を嫌い、嫁入り行列の道順からはずされたという。この橋の東西両詰の南側に一、二軒の民家が他橋から少し離れていたというだけの理由らしいが。明治四十一（一九〇八）年、市電東西線が開通して上繋橋は木桁《けた》から鋼桁に変わり、昭和二（一九二七）年には御大典記念行事として、四橋とも鉄鋼アーチコンクリート橋に架け替えられた。だが、昭和三十九年に西横堀川が、昭和四十五年に長堀川も埋め立てられて、四ツ橋は完全に姿を消した。現在は交差点の名と地下鉄に名前を残すのみで、高速道路下の緑地帯にかつての四ツ橋の面影を伝える一画が整備されている。

昭和五年に開館した四つ橋文楽座や、昭和十二年に ドイツ・ツァイス社製のプラネタリウムを導入した大阪市立電気科学館、四ツ橋の賑わいに花を添えたいくつかの施設が今日でも場所を移して受け継がれている。

四ツ橋を舞台にした落語に「辻占茶屋」がある。難波新地の女郎、梅野と深い仲になった鍛冶屋の源公

が、女のための借金を申し込むと「女が源公と心中するほど本気なら貸す」と条件を付けられる。成り行きで心中に同意した源公と梅野は四ツ橋に行って対岸の橋から川に身を投げる約束をするが、命が惜しい二人は互いにだまし合い、大きな石をドボンと川に投げて済ます。死んだと思った相手とミナミでばったり再会するという話である。四ツ橋ならではの粋な筋書きではないか。　（小）

61 堀江花街

大人相手、落ち着いた雰囲気

この連載で以前、私は坐摩神社（6）、難波神社（7）で南船場を、次に南に下って法善寺（40）から千日前（41）を森琴石とともに見聞してきたが、今度は少し西の堀江花街である。こうしてみると大阪には今も昔もたくさんの盛り場があり、そこで楽しむこれまた数多くの人々がいるのである。今さらながらにそれを知るにつけ、今様盛り場好きの私としては、なぜか得意な気分になってしまうから不思議である。

当時「千百大小の茶屋あまた列なり、掛け行燈は万燈に等しく、昼夜ともに楼上には糸竹の調べ絶えず」とうたわれた「賑わしき遊里」堀江である。

この花街の歴史は元禄十一（一六九八）年、河村瑞賢が堀江川を掘ってから始まる。現在の北堀江と南堀江を分ける道に沿ってその南側を西横堀川（現高速道路高架下）から木津川の千代崎橋のあたりまで流れていたのが堀江川である。花街は現在の北堀江の北半分がその中心地に当たるようだ。

江戸時代、その北にあった新町の廓と違い幕府非公認であったため、実質遊廓でありながら客に抹茶を出す茶屋としての形を取ったという。ここに描かれた明治十四（一八八一）年には政府からすでに認可を受けた遊廓となり、森琴石も描くように立派な連子格子の大店が並ぶ花街となっていたようである。

堀江花街は西に阿弥陀池の和光寺、南に大阪相撲のメッカ堀江の相撲場、東の四ツ橋近くには明楽座、堀江座（一時期、中村座?）といった人形浄瑠璃の芝居小屋があり、まさに集客施設にまわりを囲まれ否が応でも賑わう街だったのである。

第二次大戦の戦災でいわゆる花街はもちろん、相撲場や芝居小屋は姿を消したが、今ではブティックや洒落た飲食店が並ぶ街として賑わいを取り戻している。しかし同じ賑わいでも堀江は東にあるアメリカ村などと違い、年齢層の高い大人相手のところが多く、落ち着いた雰囲気である。

また都心でありながら意外なことにここに住む人も多いせいか、華やかながらも生活感のある街であり、そんなところにも洗練された大人の街の伝統が生きているのだろう。花街は消えてもどこかにその記憶を残す街である。

そういえばかつての堀江花街の真ん中にある私の行きつけのバーは、長屋を改造した一室であり、隣室に住む八十歳のおばちゃんは花街の出身者と言っていた。


(菅)

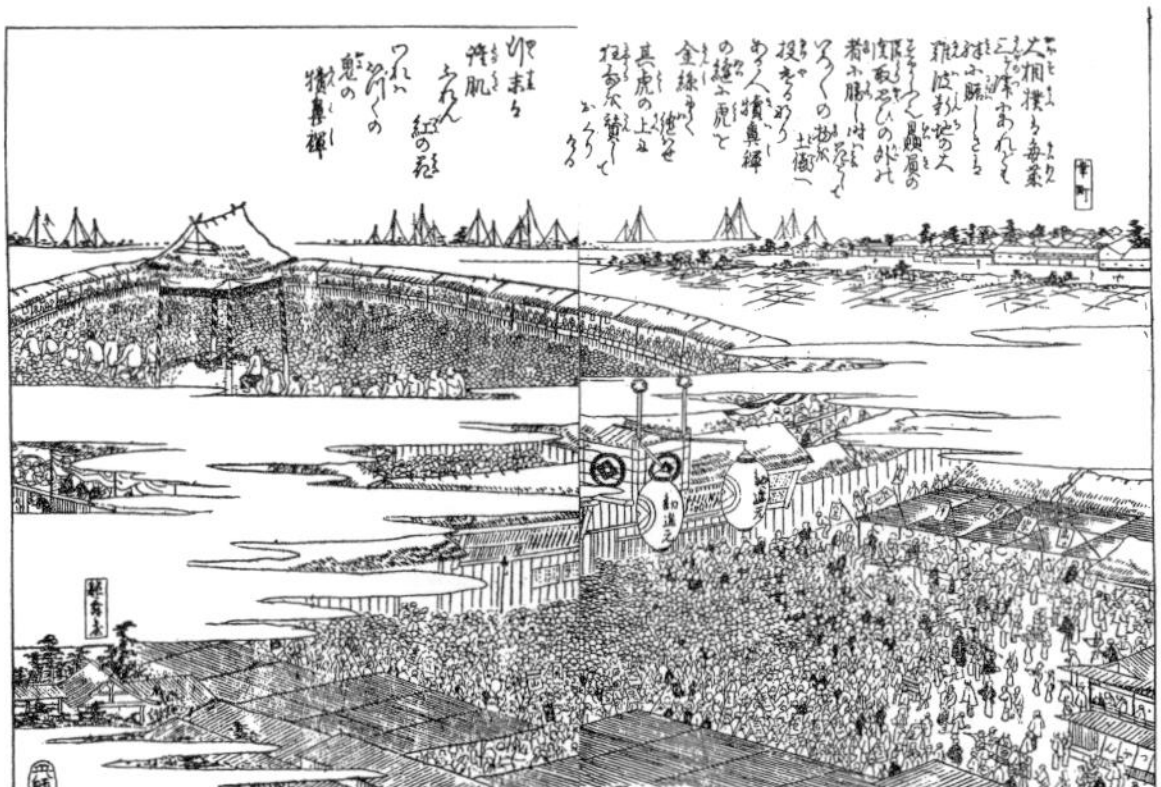

『摂津名所図会』に描かれた堀江花街南にあった相撲場での大相撲

62 阿弥陀池

善光寺如来出現の地

以前、なんばグランド花月で桂文珍の「算段の平兵衛」を聴いた。庄屋殺しの始末を算段するシュールな落語だが、死体に盆踊りを踊らせる場面で流れるのが田中芳哉園作詞の「カンテキ割った、スリ鉢割った」で知られる「堀江盆踊歌」である。昭和五（一九三〇）年、花街の不景気を打破しようと阿弥陀池和光寺で盂蘭盆に堀江遊廓の若手芸妓が盆踊りを始めたのが大当たりして大盛況、新町や住吉などの遊廓にもたちまちに広がった。盆踊りとのタイアップで大阪の遊廓は滅亡の危機を脱したという。

地下鉄西長堀駅に近い北堀江三丁目の和光寺は、元禄十一（一六九八）年に建立された浄土宗の尼寺である。

『日本書紀』によると、仏教伝来で百済から贈られた阿弥陀如来の仏像を、崇仏派の蘇我氏と反目する排仏派の物部氏が「難波堀江」に沈めた。その如来を推古天皇の時代、信濃の本多善光が堀江に遊んだ時に拾い、長野の善光寺の本尊にしたと伝えられる。

その堀江の跡が阿弥陀池であるというが、当所に堀江の名が起こったのはずっと後の時代で、『日本書紀』のいう「難波堀江」は天満川、大川を指しているらしいのだが。

史実はともかく、善光寺如来出現の地として信仰されていた阿弥陀池の地に、元禄七年に四天王寺で善光寺が出開帳を行ったのを契機に和光寺が建立された。善光寺の特別な末寺として格式が高い和光寺には、信濃に行けない関西人がたくさん参ったという。

和光寺境内の阿弥陀池には小橋が架かり、中央の浮島に放光閣という宝塔が建つ。緑青の屋根が美しい現在の塔は戦後の再建で、森琴石の時代にはもう少し大きく立派だったように思われる。

この塔は四六時中点灯しており、もし消えれば善光

寺から移すのがしきたりで、戦災で焼失した時も信濃から火が運ばれた。古びた石柱に囲まれた楕円形の阿弥陀池は、どこか昔懐かしい感じを今も残している。

「誰ぞが行けと言うたやろ」「へい、阿弥陀がいけと言いました」という落語「阿弥陀池」は明治四十（一九〇七）年頃に桂文屋が作った当時の新作落語で、ほかにも講談「阿弥陀池仇討」や松竹新喜劇「阿弥陀池の鳩」など、芸能の題材として人気の高い場所でもある。

（小）

63 瑞龍寺(鉄眼禅師荼毘処地)

奇人半時庵淡々の墓所

浪速区の難波元町一丁目、大阪の町の真ん中に位置している瑞龍寺。古くは薬師仏をまつっていた村の薬師堂であったらしい。現在の瑞龍寺の出発は、寛文十(一六七〇)年に黄檗の僧、鉄眼道光(一六三〇~八二)が再興したことによる。鉄眼は仏教の教典を総大成した一切経(大蔵経)の翻刻という大事業を行った。三十八歳の頃にこの大事業を思い立ち、全六七七一巻の翻刻作業が完成したのは十数年後の天和二(一六八二)年のこと。年初刷り本を幕府に献上するため江戸に向け大坂を発ったが、この年は大飢饉で、餓死者や病死者を目にした鉄眼は瑞龍寺に戻り救済活動を始めた。一切経の翻刻基金や寺の財産もつぎ込み、一月の間にのべ三十万人を救った。人々は彼を「救済大士」と呼んだという。

仏教者として、あるいは人として徳高く生きた鉄眼とはやや異なる生き方をした人物の墓が瑞龍寺にある。その人は半時庵淡々《はんじあんたんたん》という俳人。延宝二(一六七四)年、大坂錺屋町(現心斎橋筋二丁目)に生まれ、江戸に出て俳人として名を成し、かの松尾芭蕉から呂国の号を得たという。淡々と改号したのは宝永四(一七〇七)年から。その後大坂に戻り、宝暦十一(一七六一)年に八十八歳で没した。

俳人というと、侘び寂びの生活をイメージするが、淡々は随分と富をなし、贅沢な生活をおくっていたようである。『摂陽奇観』(十九世紀初頃)や『浪華百事談』(明治中頃)などによれば、常に絹ものを身につけ、食事も善美を尽くしていた。淀川の水は濁っているからと言って、毎日の船便で京都の水を送らせ飲み水としていた。また、自分が欲する所を、一蕎麦、二普請、三能、四芝居、五傾城、六欲、七欲、八九欲と言っていた。一方、人の心をよむ才があり、他人の欲望をズバリと指摘し、相手の反応を見てよろこんでいたとか。
「化け物の　正体見たり　枯れ尾花」は、常識の範囲には収まらない彼を評した同時代の人の一句。

「朝霜や　杖でえがきし　富士の山」は淡々の辞世の句。

（伊）

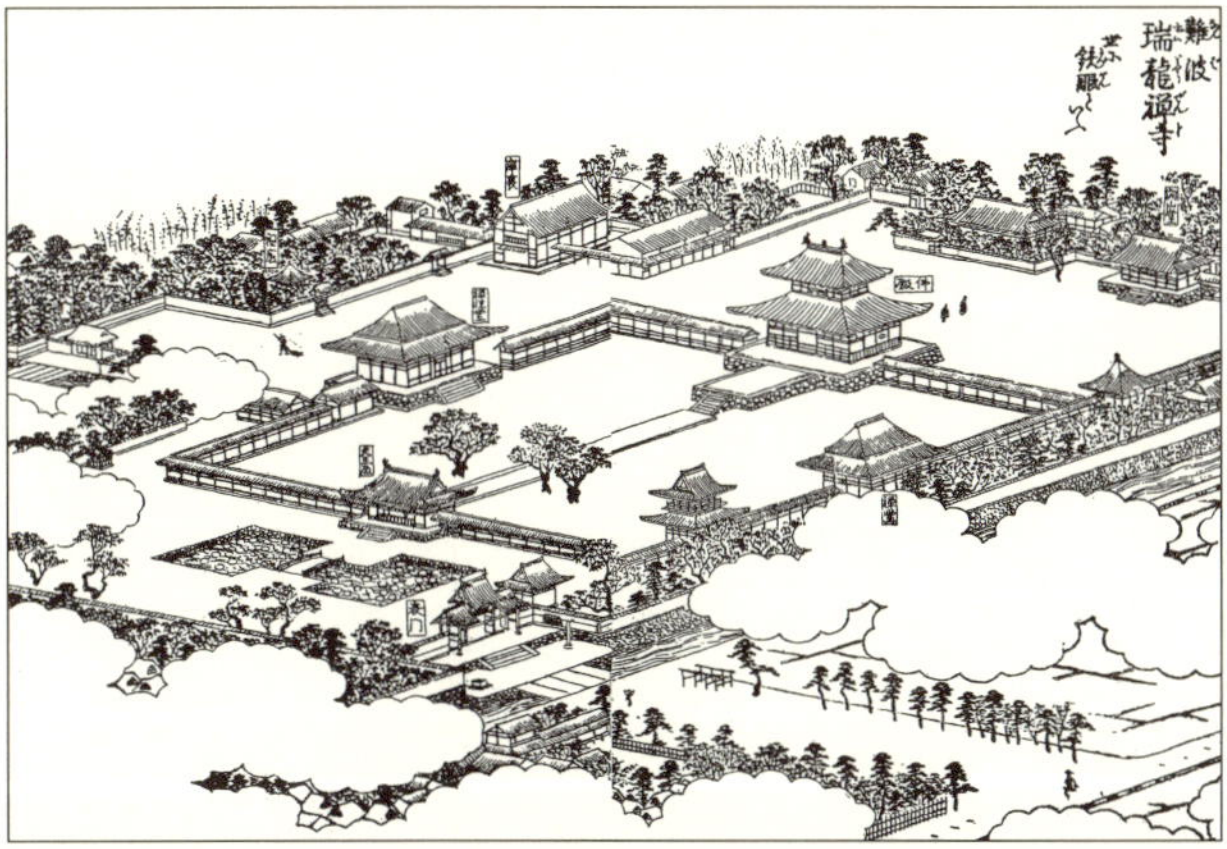

『摂津名所図会』より「瑞龍禅寺」

64 難波八阪神社

伝統の綱引神事

難波周辺は近年、大規模な再開発が進行しており、その変貌ぶりには目を見張るものがあるが、この再開発地域からほど近いところに、今もこんもりと樹木が生い茂る神社が建っている。難波八阪神社である。

この神社で最も有名なのは、毎年一月の第三日曜日に行われる綱引神事であろう。八頭八尾の「八岐《やまたの》大蛇《おろち》」をかたどった綱をその年の恵方に向けて引き合う伝統行事で、もとは正月十四日に行われていた。その起源は不明であるが、江戸時代中期には大坂を代表する行事となっていたようである。また『摂津名所図会大成』によると、綱引は難波村の各所で行われており、なかでも神社の門前のものが見事で、遠近より観客が集まって賑わっていた。「初春の一奇観」(『浪華の賑ひ』)として有名だったわけである。なお、この神事は大阪市の無形民俗文化財に指定されている。

一方、七月(旧暦六月)十四日は例祭である。古くは平の明神(現難波神社)を上の宮、当社を下の宮と称して神輿の渡御を行っていたものの、十七世紀後半には渡御は廃れていた(『難波鑑』)。しかし今日では、氏子域を巡る陸渡御のほか、平成十三(二〇〇一)年からは船渡御が復活されている。

ところで、いつの頃からか神社の門前には毎朝、市が立つようになっていた。青物をはじめ鮮魚、塩魚、乾魚、乾物など何でも持ち集まって販売し、「其交易の繁昌なること言ひも尽しがたし」(『摂津名所図会大成』)という状態であった。当時の賑わいぶりが想像されよう。

森琴石が見たのは、こうした活気のある神社であった。ところが、境内は昭和二十(一九四五)年に戦災で全焼し、現在はその後に再建されたものが建つのみである。このなかで最も目を引くのは、なんと言っても大獅子殿と呼ばれる建物である。境内東の鳥居をく

ぐると正面に巨大な獅子頭が口をあけており、その奇抜さには誰もが度肝を抜かれる。伝統的な神事の場に建つ遊び感覚いっぱいの殿舎。ここに「大阪らしさ」を感じるのは、私だけではないだろう。（新）

65

大国主神社

江戸時代に出雲大社から勧請

大国主神社《おおくにぬし》は、地下鉄大国町から北へ約百メートル、国道二十五号西側に位置する。名のとおり大国主命を祀る、正式には敷津松之宮の境内にある摂社で、江戸時代の延享元（一七四四）年に出雲大社から勧請されたと伝える。

大国主命は「だいこく」の音が通じることから、民間では仏教の大黒天と習合され、開運招福の神とされる。当地では、太陽を抱いて米俵に座ったふくよかな姿の神像が作られ、日出大国《ひのでだいこく》として祀られた。大阪七福神のひとつに数えられ、地元では〝木津の大国さん〟として知られる。

残念ながらこの像は、太平洋戦争末期の大阪大空襲で社殿とともに焼失し、現在は昭和五十五（一九八〇）年再建の二代目が、こちらも再建なった大国社殿に鎮座している。

敷津松之宮の祭神は素盞嗚尊《すさのおのみこと》、大国主命、奇稲田姫《くしなだひめのみこと》、事代主命《ことしろぬしのみこと》、少彦名命《すくなひこなのみこと》である。社伝によると、神功皇后が朝鮮出兵の帰途、この地に船を泊めて松を三本植え、素盞嗚尊を祀って航海の安全を祈願したことを起源とし、松本宮と称したという。中世以降は牛頭《ご ず》天王社、祇園社などの名が残り、明治初年からの神仏分離令により八坂神社と改称された。現社名となったのは明治二十年代といい、琴石の歩いた時代には、まだ八坂神社と呼ばれていたことになる。

本文には「例年甲子日《きのえねのひ》は参詣なすもの多く、社前に燈心を販《ひさ》ぐるを詣人求め皈《かえ》る」とある。甲子の日に商売繁盛を願い、大黒天（＝大国主命）を祀る甲子参りの風景である。

「子《ね》」の日との結びつきは、大国主命の危機を鼠が救ったという『古事記』の説話による。その折にともす燈心が特に甲子燈心といわれ、当日はそれを求める人で賑わったというのである。現在でも甲子の日には神事が行われている。

明治時代には神仏分離政策に基づき、神社から仏教的な要素が排除されていった。しかし庶民の間では依然として、このようにささやかな現世の利益を求めた信仰が生きていたことを『大阪名所独案内』は教えてくれる。（野）

66 木津川口

大阪の交通・物流の主幹線

大阪市内に数十年前まで多くの堀川があったことは周知のこと。そのほとんどの堀川が流れ注いでいたのが木津川。堂島川、土佐堀川の合流点である中之島の西端から木津川は始まる。

そこからほぼ南に向かって流れるこの川には、江戸堀川、京町堀川、海部堀川、阿波堀川、立売堀川、長堀川、堀江川といった今では見られない多くの堀川と、道頓堀川が注ぎ、尻無川、三軒家川、十三間川などが分かれている。つまり木津川に入れば大阪市内どこへも容易に行くことができたのである。

今日では陸上での車移動を中心に考えがちであるが、水上の、船での移動が盛んであった頃を想像してほしい。木津川はまさに大阪の交通・物流の主幹線だった。その入り口、木津川口に全国の船が集まり、賑わったのは言うまでもない。安治川口と並んで両川口と称され、大阪の海の玄関口として栄えていた。

明治から大正にかけては多くの造船所が建ち並び、第二次大戦後にこの地域が工業地帯となっていく先駆けともなっていく。

しかし、琴石が描く木津川口は、「諸国海船出入の要津」というにはどこかのんびりした雰囲気。船はたくさん描かれているが、諸国からの物産を満載した船ではなく、屋形船や小船ばかり。中央の小船に乗った人は釣りさえしているように見える。琴石が描く木津川口は物流の港ではなく、遊興の地だったのである。

重要な港であった木津川口だったので、江戸時代には幕府の力で港湾整備が行われる。天保三（一八三二）年には大規模な川口大浚えがあった。今風に言う浚渫《しゅんせつ》工事。その際、東岸の津守の南あたりから西に向かって八七〇間（約千五百メートル）の石波塘《いしはと》と呼ばれる防波堤が築かれた。

この石波塘の上には松が植えられ、避波松あるいは

千本松と呼ばれて三保の松原、天橋立と並ぶ全国的に聞こえた景勝地になっていた。琴石はそこに遊ぶ大阪人の姿を描いたのである。

大阪に松並木の名所があったことも驚きだが、インフラ整備にかこつけて遊び場をつくってしまった当時の大阪人のセンスには恐れ入るばかりである。（菅）

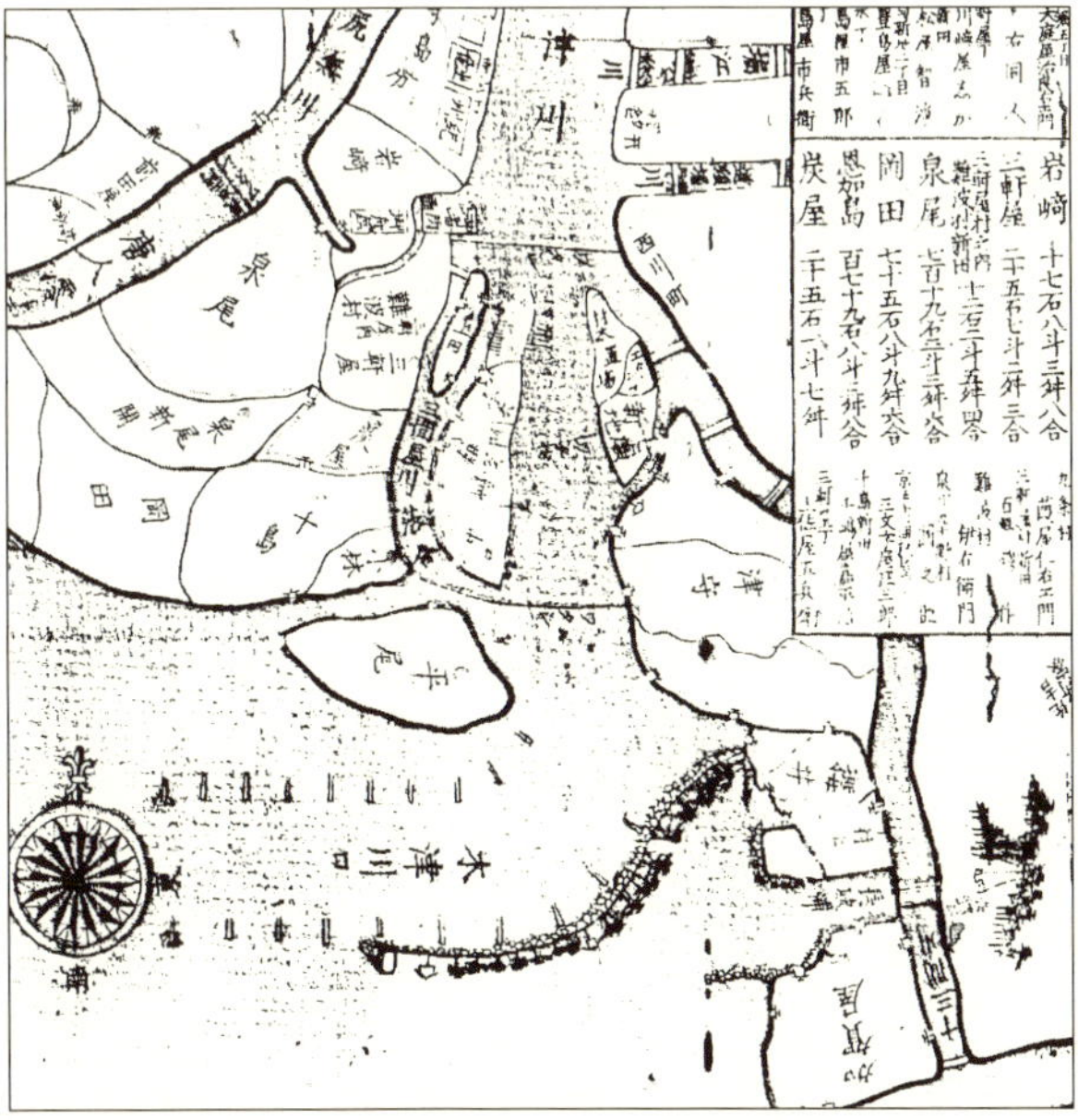

天保10（1839）年の地図に描かれた木津川口

67 新町橋

西欧式アーチ橋で評判

大阪には橋の名が付いた地名がたくさんある。川が埋め立てられて橋がなくなり、名前だけ残っていることもある。しかし、すべての橋の名前が地名に残っているわけではない。行政上の地名変更もあって、消えた橋の名前の多くが失われ、かつての橋の存在さえも忘れられている場合が多い。新町橋もそんな橋のひとつではないだろうか。

「新町」の名は今でも西区新町として残っているが、新町橋はその東側を流れる西横堀川に架かり、当時の順慶町に通じていた橋だった。今は西横堀川は埋め立てられ、新町橋の場所は高速道路の下になってしまった。

昭和二（一九二七）年に架けられた最後の新町橋の親柱二本だけがかすかな記憶を残している。ただ、この親柱は高さ一メートルほどで三メートルはあった元の姿からはほど遠く、橋の威容を偲ぶには寂しい限りではある。

琴石の描く新町橋は、昭和二年に架けられたこの親柱の橋ではない。明治五（一八七二）年九月に大阪で二番目の鉄橋、それも真ん中に橋桁を持たない西欧式アーチ橋として初めて架けられ、姿の美しさが評判の橋だった。

もっともこの橋、最初は設計士が張り切り過ぎたのか、勾配が十パーセントもあった。「お太鼓橋」状態で歩きづらかったため三年後に改造工事が行われ、琴石描く優美な姿になったということである。

さえた夜空の下、男が一人何か思案をしているのか、たたずんだ姿が描かれている。新町橋は当時大遊廓であった新町廓の東大門正面にあり、その先はそのまま廓の最も賑やかな瓢箪町に続いていた。

男の思案は思う女性のことか、家族のことか、それともそれにかかわるお金のことか。なかなかしみじみとした情景が描かれているが、実際この橋の上から順慶町に向かって心斎橋筋まで途切れることなく夜店が並び、賑やかな通りであったという。この情景は夜店も閉まった深夜のことだったのだろう。

賑やかな風景も、しみじみした情景も高速道路の下となった今、どのように偲べばよいのでしょうか。琴石先生！

（菅）

68 新町廓

大坂唯一の公許遊廓

『女殺油地獄』。いわずと知れた近松門左衛門作の世話物である。義太夫節の名曲であり、享保六（一七二一）年七月、竹本座で初演された。この話は、実際に起った殺人事件をもとに脚色され、中座の歌舞伎にも取り入れられ上演された。

話はこうだ。大坂天満町の油屋河内屋の与兵衛は、札付きの放蕩息子。義父の徳兵衛が番頭あがりなのをよいことに悪さばかり。なじみの遊女をめぐって、あわや手打ちにされそうになってもまったく懲りない。さらに妹に仮病までさせて家督の相続をもくろむが失敗し、勘当される。

それでも親心。両親は与兵衛に渡すように、同業の豊島屋のお吉に金子を届ける。それを目にした与兵衛は反省はするが、借金の返済期限が迫っていたため、お吉が差し出した親の金子を受け取るが足りず、主人が留守のお吉に借金を申し出る。しかし、断られて逆上。油樽を倒し、油まみれのお吉を殺害し、震える足で逃げていく。

この与兵衛が足しげく通ったのが、新町廓である。現代われわれはキタとミナミの繁華街を持つが、近世にはもうひとつ「ニシ」と呼ぶ繁華街があった。それが新町廓である。なかでも九軒町の吉田屋が有名で、店の前に堤を築き、桜を植えていたとされる。

そんなことから、近松も『女殺油地獄』の中で「廓四筋は四季とも散ることを知らぬ花揃え」と表現する。新町北公園北西角には句碑があり「だまされて来て誠なり　初桜」と加賀の千代女が詠む。

この新町廓。東を西横堀川、北を立売堀川、南を長堀川に画された地域で、新京橋町・新堀町・瓢箪町・佐渡島町・吉原町・九軒町・佐渡屋町が花街の中心。江戸幕府から公許された大坂唯一の遊廓であった。

この遊廓は、周囲に溝渠をめぐらし他町と区別し、出入り口は西の瓢箪町の大門だけだったが、後に東側に大門を設け、新町橋に通じた。廓はまた周囲に板塀がめぐっていた。寛文六（一六六六）年の出火後は五カ所の非常門が設けられたが、普段は閉鎖され、非常時のみ開くことから蛤門と呼ばれた。

明治五（一八七二）年、遊女解放令布告によってこの新町界隈は姿を変える。遊女は娼妓・芸妓となり、青楼は貸座席・芸妓置屋となった。大門や板塀も取り払われ、外町と自由に往来できるようになり、商店街化し傾城《けいせい》町としての面影は消えていった。琴石翁もまたその変貌を見つめた一人だったのかもしれない。

（明）

69 松島廓

楼閣二百七十余軒、四千人の芸妓

慶応三（一八六七）年兵庫開港・大阪開市に伴い、木津川と安治川に挟まれた砲弾形の土地に外国人居住地、いわゆる川口居留地が出現した。一方、木津川と尻無川《しりなし》の分岐点にあった寺島の北端と木津川町の北に開かれた新地に、周辺四町の一部を合わせて松島町が誕生する。明治元（一八六八）年のことだ。この松島の名は、幹の太さが一丈もある寺島の松、〝松之鼻〟と呼ばれた松と寺島の島に由来するらしい。

松島は川口居留地が設置されたことにより開発された。居留地の繁栄策として同年末に遊廓の設立が許可された。翌二年松島遊廓が成立して松島新地とも呼ばれ、昭和三十二（一九五七）年の売春防止法施行までその業態は変わらなかった。松島廓の設立目的は、大坂市中に散在していた非公認の遊所を一カ所に集中させることにあった。

そこには四カ所の大門があり、廓特有の姿であったというが、明治五年、娼妓解放令が出され遊廓は大打撃を受け、大門を売却している。その後、市中各所から名のある娼家が松島へと移転し、廓区域は拡張の一途。大正十（一九二一）年、大繁栄を遂げていた松島廓には、楼閣二百七十余軒、四千人の芸妓がおり、通りは道幅六間半、延長二百間の町規模を誇っていた。日本最大の花街、大歓楽街の誕生である。

新地として出発した松島であったが、明治も半ばを過ぎると周辺開発も進み、市街地と何ら変わらぬ姿となった。そこで築港側へ移転するという案が浮上する。

この移転話は以後もくすぶり続け、利権を求めた土地会社が土地騰貴による利益を得ようと弁護士・政治家に移転運動を依頼。するとこの動きを暴露する文書が流れ、時の首相・若槻礼次郎の尋問にまで及んだのである。今も昔も、色と金は物議をかもす。

華々しい廓にも悲しい歴史。明治十八年、火災によって娼家三百余戸が焼失。ともに亡くなった女性を供養する碑が近くの竹林寺にひっそりと建っている。お参りするのもよかろう。そして大阪大空襲によって松島遊廓は全焼。その栄華の極みは、ことごとく灰燼と帰した。戦後は西隣に移転し、現在の松島新地となり、そぞろ歩いた諸兄もさぞ多かろう。

かつての松島廓は、グラウンドを併設した松島公園となり、その面影は子どもたちの歓声にかき消されて跡形もない。ここまでの都市変貌を琴石翁は予想していただろうか。ぜひともうかがってみたい……。

(明)

70 松ケ鼻

名松で知られた景勝地

木津川と尻無川に挟まれた中洲状の島があった。寺島と呼ばれ、江戸時代の末頃には南北約千三百メートル、幅二、三百メートルの細長い土地だった。『摂津名所図会』（一七九六年）は、寺島の北端にあった松を「蛭子松」として、次のように述べている。

「木津川町北端にあり。此辺の名松にして、蒼々たる枝葉川の面にうつるけしき、又夏は此松の下に船を寄せて、涼風に花火を燈す風景斜ならず。此松都て二百余都を経るとぞ。笑姿祠、松の傍にあり。此神祠により初め此地を、蛭子島といふ」

島の端に名松があったので、寺島の北端が松ケ鼻と呼ばれていた。蛭子祠を目指して舟で木津川を渡る遊山らしき人たち、松ケ鼻から西側に分岐する尻無川の向こう岸には竹林寺が描かれる。

松ケ鼻の地名となった松について、幕末の『摂津名所図会大成』はこう記す。

「北の端にあり。故に此所を松の端といふ。幹の太さ、凡廻り一丈余。枝葉繁茂して水上に垂れ、其景色すこぶる美観なり。此松、凡三百年の星霜を経るといへり」

松ケ鼻とこの周辺は、景色の美しさと川面の涼しさから、江戸時代には『摂津名所図会』が描くようにご婦人も子どもも家族で楽しめる場所だった。

このあたりが男だけの遊興の地になったのは、日本の開国に伴い、川口に外国人居留地ができ、寺島の北半分が松島と命名され松島新地（遊廓）が設けられた以降である。松島新地については、前回の明珍氏案内に詳しい。

先日地図を片手に松ケ鼻の手掛かりを求めて、寺島のあたりを歩いてみた。松ケ鼻から分岐して寺島の西側を流れていた尻無川はもはや影も形もなく、川向かいの位置にあった竹林寺は道路を挟んだ西側に。島の先端らしき地形も見つけることができず、松島遊廓の跡につくられたグラウンドで健康的な草野球を、しばらくの間見て帰ってきた。（伊）

『摂津名所図会』に描かれた松ヶ鼻へ向かう人たち

71 尻無川

宴客集った紅葉の名所

ある日曜日の朝、弁天町から南へ歩いて尻無川を訪ねた。港区福崎と大正区泉尾を結ぶ場所に、甚兵衛渡船という古風な名を持つ渡し船がある。

港区側はあたりに工場が立ち並び、荒涼とした感のある川沿いの道路を進むと、何の予告もなく突然渡船場の入り口が現れる。運航は十五分おきで、自転車を押す六、七人の乗客とともに、私もこの渡し船に乗った。

船の名は「すずかぜ」という。すずかぜは客を乗せるとすぐさまバックで出航し、方向転換した後あっけなく対岸に着いた。一分に満たない短い時間であった。岸壁間の距離はわずか九十四メートルという。

その昔、江戸時代の頃はこのあたりが尻無川の河口付近であった。渡し場があり、渡し守の名を甚兵衛といった。その由緒ある名を今もなお守っていることになる。

その頃、この川の堤にはハゼの木が植えられていた。漢字では「黄櫨」と書く。『摂津名所図会大成』には、両岸に数千株のハゼを植えて、その実から、蝋《ろう》を精製したとある。ハゼは蝋の原料であった。

この木は、秋になると美しく紅葉する。両岸に連なる数千の樹木は、紅の葉色を川面に映す。その絶景は、文人墨客から市井の庶民に至るまで、多くの人々を魅了した。風流を楽しみ酒宴を催す群衆で、あたりは尋常ならざる賑わいであったという。

甚兵衛の小屋もまた有名で、茶店として蜆《しじみ》汁などを供したらしい。晩春の潮干狩りの季節になると、ハマグリ、シジミなどを採る人が群れをなしたという。また、木津川口とともにハゼ釣りの名所でもあった。

手もとにある昭和初期の地図を見ると、甚兵衛渡しが記載されているのは当然のことであるが、その脇にある運河に紅葉橋という小さな橋が架けられている。

尻無川は、大正時代に川幅拡張などの工事が行われ、その景観は一変した。しかしなお昭和になっても、いにしえの紅葉を橋の名としてとどめていたのである。

だが今となっては、戯れ遊んだかつての人々の声は、想像の中で聞こえるのみである。
（船）

72 茨住吉神社

賑わい落語のネタに

今日、九条で最も注目を浴びているスポットといえば大阪ドーム（京セラドーム大阪）だろう。野球やコンサートなどで多くの人が訪れ、またその特異な外観は、この地域のランドマークともなっている。しかし、古くは茨《いばら》住吉神社が繁華なスポットとして知られていた。

茨住吉神社が創建されたのは寛永元（一六二四）年のことで、幕府の役人香西皙雲によってこの地が開発された際、当神社も勧請されてきたと伝える。またその名は、当初この地に茨が多く生い茂っていたことによるとも、菟原《うばら》郡住吉の神を勧請したことによるともいわれる（『摂津名所図会』）。

江戸時代後期には、境内に池があって杜若《かきつばた》が繁茂していた。そして池には板橋が架け渡され、花の頃には大勢の人が見物にやってきていた。池の横には自然石の碑があり、「淺澤（浅沢）の株をうつし植て　かきつばたこ、によるべの忘れ水　此花庵」と刻まれていたという（『摂津名所図会大成』）。〝浅沢〟というのは住吉にあって、古来杜若の名所として知られていた小さな沼のことである。杜若は浅沢の沼から移されたものであった。

また、上方落語の舞台ともなっていた。「油屋与兵衛」は新町の傾城をめぐる噺であるが、茨住吉神社門前の情景を述べるくだりがある。料理屋や揚弓場などが並んで、天気が良いときには非常に賑わっていたという（『米朝ばなし　上方落語地図』）。「三年酒」では、北安治川二丁目に住む播磨屋又七という男が神道講釈に熱中し、茨住吉神社へ通うという話が出てくる。神道講釈というのは、今で言えばセミナーのようなもので、神社は文化活動の場ともなっていた。

明治に入ると、「西の心斎橋」とも呼ばれた九条新道が開かれ、またすぐ近くに松島遊廓が置かれたことから、神社のまわりには芝居小屋、映画館、寄席などが軒を連ねた。また境内では定期的に市が開かれて、大いに賑わっていた。

しかし、この一帯は第二次世界大戦の戦災でほぼ全焼。池は埋められ、境内には昭和四十（一九六五）年に再建された社殿が建つ。わずかに、本殿の東に樹齢六、七百年といわれる楠が戦災によって焼損した姿を今にとどめて、昔の様子を偲ばせている。（新）

73　天保山砲台

太平の世の行楽地

江戸時代、水都・大坂の河川は上流からの土砂の堆積で河床が浅くなり、常に川浚えが必要だった。なかでも天保二（一八三一）年の川浚えは、川船五百隻が出動した大規模な工事で、お囃子も鳴り、見物人も出てお祭り騒ぎとなる。

浚えた土砂を集め、翌年誕生したのが天保山だ。現在四・五メートルの〝低さ〟だが、当時は高さ約十八メートル。船舶往来の目印山と称され、酒を出す茶店街に天保山百景なる名勝もある観光地となる。暁鐘成著『天保山名所図会』は雨舎《あまやどり》という高殿を紹介し、一階に巨船の柱が建ち大仏殿よろしく人がくぐる穴が開いていたという。また、地形が亀に似ているので、亀の頭が天保山についた文鎮、菓子器も販売された。観光土産のエッフェル塔や西郷隆盛像と同じセンスだが、『天保山名所図会』のイラストではまるで怪獣ガメラだ。

しかし、太平の御代の行楽地は嘉永七（一八五四）年、ロシア戦艦ディアナ号が天保山沖に停泊して一変する。異国船来航に危機感を募らせ、幕府は元治元（一八六四）年、天保山を削って平坦な土地とし、台場を築いて砲台とした。慶応四（一八六八）年の鳥羽伏見の戦いでは、最後の将軍・徳川慶喜が大坂城を脱出し、天保山沖より軍艦開陽丸に乗船、江戸に去って明治維新となる。『大阪名所独案内』刊行のわずか十五年前だ。琴石翁の記憶も生々しく「この地より慶喜公が……」と感慨深げ。

明治も前半期の天保山は陸軍省管轄の砲台となる。加農砲《カノン》が並んでいたのだろう。古地図にも函館の五稜郭と同じ星形の西洋式縄張りが記される。琴石画伯は軍事機密は避け、明治五（一八七二）年に建った白色木造の灯台を挿画に描いた。

ところで、天保山の対岸はＪＲ桜島線の終点桜島だ。明治三十三年、町名が桜島となった。鹿児島の桜島に地形が似ているとか、桜があったとか言われる。最近九州に行ったところ、本家の桜島に向き合い、鹿児島市に天保山町があった。幕末の薩英戦争の戦場、天保山砲台の跡という。天保山という地名、よくよく桜島とセットで砲台と関係深い。

今は海遊館やサントリーミュージアムが並び『天保山名所図会』の時代の遊山気分にもどった天保山だが、地下鉄を降り、要塞めいた建築を見た琴石翁が「あれは最新式の砲台ですか！」と驚きそうだ。（橋）

74 富島波止場

外国船発着フル回転

『大阪名所独案内』の絵を描くは琴石画伯、かたや文章は伴源平《ばんげんぺい》、当時大活躍の今日いうライターである。文の内容には昔の名所図会の孫引きも多いが、今回は事情が違う。

　富島は安治川の南岸、現在の中央市場の対岸にあった島で貞享元（一六八四）年、安治川開削で誕生し、東大寺大仏殿の再建を勧進した龍松院公慶が庵を結び、大仏島とも呼ばれた。やがて大坂の海の玄関として廻船問屋が立ち並び賑わう。明治には維新政府が運上所を設け、外国判事、五代友厚や陸奥宗光が活躍する。隣が有名な川口の外国人居留地だ。明治三（一八七〇）年、電信局が設けられ、日本初の電信線も富島と神戸間に架設された。

　旧幕時代の名所図会にない新名所。伴源平も新しい書き下ろしに腕をふるう。つたない私の解説よりも原文を読み、外国船が発着フル回転する文明開化の雰囲気を味わおう。

「此地、火輪艦発着の波止場にて陸には税関を設けられ海外輸出入の物貨を検閲し、積荷取扱ひ会社、問屋、船宿、招牌《しょうはい》を出し旗たて或は軒に提灯を掲げ数軒列りて繁昌し、川端には各地へ往来ふ汽艦帆船数艘並びて繋ぎとめ、艦名幟を出して乗客の目標とす」。火輪艦とはなんだろう？　横に「じょうきせん」と読みがふってあった。

「出港の時日には報知の笛の音を聴て衆諸此処に群れ来り、切符を求めて直ちに船に至なれば、舟宿に趣《おもむ》くもの有り、西洋形の小車に荷物を積て運ぶ丁稚、風呂敷包を負て来る估客《あきんど》、重荷を担《にな》ふ働人、荷員《にかず》を調ぶる荷捌屋の雇人、人力車を飛して来る旅人あれば行笥《かばん》を提携て徐歩するあり、着岸の船よりハ許多の乗客上陸《おかにあが》り乗て馳《はせ》、行李《こうり》を携へ歩行など発着の景況恰《あたか》も潮の満干の如く殷賑《にぎわし》きこと類なし」。

港の活況の巧みな描写だ。汽船を描きつつ、琴石画伯も文人画の源流たる中国への憧憬を高じさせたに違いない。

ところで琴石が汽船を描いた半世紀後、この付近で同じく汽船を描いた画家がいる。昭和元（一九二六）年、パリから一時帰国した大阪出身の洋画家・佐伯祐三だ。佐伯の甥の杉邨房雄さんの思い出では、佐伯は汽船のマストを定規でヒョイヒョイ描いたそうだ。東西どちらも、外国に憧れる画家たちの思いのこもる河岸でもある。（橋）

75 商船学校

府内の船主が発起人、設立

今日、商船学校と言えば東京商船大と神戸商船大の名前が浮かぶ（いずれも大学改革で別の大学と統合）。東京商船大の前身は明治八（一八七五）年に創設された三菱商船学校。この学校が明治十五年に農商務省に移管されて官立となった。

その後、明治十九年に逓信省の直轄となり、官立商船学校と改称。明治三十六年、「専門学校令」が公布され東京高等商船学校に昇格した。神戸商船大は大正六（一九一七）年に設立された私立川崎商船学校が前身だ。

かつて存在した大阪の商船学校は明治十二年、府内の船主が発起人となり資金を調達して設立した、まったくの民間の学校だった。

軍隊の船、軍艦は国の威信を示すもので、軍事力は国の根幹をなすため、当初から官であり、公であった。これに比べ商行為を目的とする商船の航海に関する諸技術を教える学校は、東京でも大阪でも民間、私立の学校として発足している。

ちなみに、商船という定義が法的に定められたのは、明治三十二年の商法（法律第四十八号）による。商いの船は太古よりあり、近代的な社会に対応するため、法律がなくても、商船学校を設立できたのである。

明治十二年に民間の学校として設立された大阪の商船学校は、二年後の十四年に創設者の船主たちが資金を大阪府へ納め、府立学校に改組した。学科は航海・機関で、甲は二年、乙は一年半修めた。その後甲は三年間を実地航海の習熟期間とし、乙は三カ月鉄工所で実習し、さらに一年間の実地航海で機関の運転に従事させた。

学校は明治二十一年に府立から逓信省の所管に変わった。十九年に官立商船学校となった東京の商船学校の分校（官立商船学校大阪分校）となったのである。

この後から〝官立〟商船学校の経営理念の議論が起きた。「海外航路の人材を養成するために国家が官として東京の商船学校を経営している。大阪分校は沿海航路に関する技術者を養成しているので、地方的施設に移すべきだ」と。国と地方との役割分担や如何《いか》に、という議論の中で、官立商船学校大阪分校は明治三十三年に廃校となった。

百年以上前の商船学校をめぐる議論の本質、官と民、国と地方という問題は、今日の日本が直面している課題でもある。（伊）

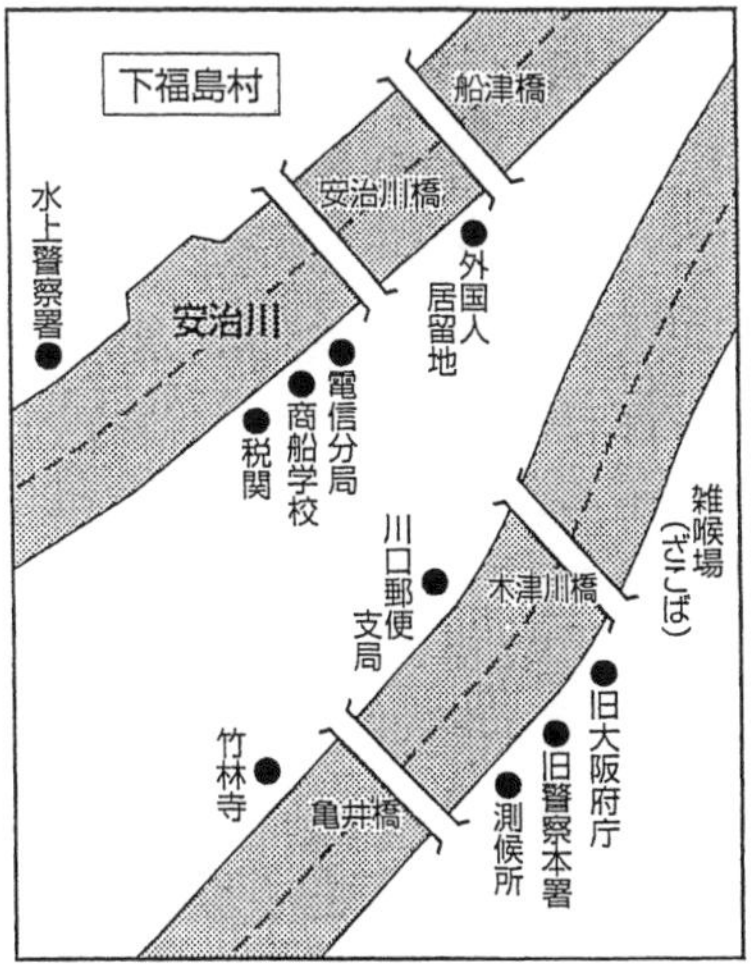

76 耶蘇教天主堂　威容誇った赤レンガ教会

明治十五（一八八二）年の森琴石が「練化石造の巍《ぎ》巍《ぎ》たる堂宇」と仰ぎ見たものは、その三年前に竣工なった司教座教会・川口天主堂（川口カトリック教会）である。

所在は現在の西区川口三丁目五番、当時の番地で富島一丁目十番となる。富島は、明治二年に開設の川口外国人居留地に隣接した外国人雑居地の一角であり、名の通り安治川と古川に挟まれた島であった。教会は古川沿いに建ち、地名にちなんで富島天主堂とも呼ばれた。

居留地と雑居地は、外国文化が入る窓口として、当時の大阪で最先端の町であった。六百十五坪の土地に建てられた赤レンガの教会は、異国の宗教の拠点として、さぞや威容を誇っていたことであろう。今に残る祭壇の写真からも、建物の壮麗さがしのばれる。明治七年に創建の江之子島の府庁舎とともに、当時の二大西洋建築であったという。

当時言う耶蘇《やそ》教すなわちキリスト教は、明治六年に解禁されて約三世紀ぶりに布教が再開された。琴石が天主堂を仰ぎ見た明治十五年といえば、学校教育や医療事業、福祉活動などを通じて、キリスト教が次第に日本人の間に根付いていった頃である。

さて、平成の世にわれわれが見上げるものは、中之島西部に現れた、赤レンガならぬコンクリートとガラスの高層ビルである。太平洋戦争末期の空襲と戦後復興期の再開発によって、あたりの景観はすっかり変わってしまった。道路区画以外に居留地の面影を残すものはほとんどない。

貿易会社の事務所、運送会社の倉庫、マンションなどが立ち並び、大型トラックが頻繁に行き交う。古川は昭和二十七（一九五二）年に埋め立てられ、平凡な道路となった。教会も被災し、地所が借地であったこともあって戦後の再建はなく、司教座は他の教会へ移った。

跡地には、教会内に設けられていた幼稚園だけが残った。園舎は平成七（一九九五）年に、鐘楼《しょうろう》のある白壁の建物に改築されている。明治はますます遠ざかるのである。唯一、園舎の裏にわずかに残る赤レンガの壁――天主堂の苔むした外壁の跡だけが、われわれと琴石の時代を結びつけている。

（野）

77 安治川橋　大阪名物になった「磁石橋」

安治川は、淀川の治水計画の一環として貞享元（一六八四）年、河村瑞賢により開削されたものである。当初は新堀川または新川と呼ばれており、元禄十一（一六九八）年に安治川と改称された。元禄元年には両岸に新地が形成され、そこに架け渡されたのが安治川橋であった。

安治川開削後は諸国の廻船が安治川橋までさかのぼるようになり、ここで荷を小舟に積み替えて大坂市中まで運んでいた。当時の様子を『浪華の賑ひ』は、「千石二千石大舟水上に町小路を作りたるがごとし」と述べている。

その後、明治に入って大阪は近代化を迎えるが、それは東と西から始まったといわれる。旧大坂三郷の東部、天満川崎では、明治元（一八六八）年に幕府の米蔵や材木蔵の跡地を利用して造幣寮の建設が始まった。設計はお雇外国人のウォートルスで、当時を代表する本格的な洋風建築であった。一方、西端の川口にあった船手奉行所の番所跡には、外国人居住のために居留地が設けられた。川口居留地で、整然と区画された宅地にコロニアルスタイルと呼ばれる洋館が建てられた。

この居留地の交通の便を図るために明治六年、それまでより少し東の位置に安治川橋が新たに架設された。この橋は、八径間のうち両側の六径間は単純な木桁橋であったが、中央の二径間は鉄製で、橋桁が旋回する可動橋となっていた。マストの高い船が通るときには、切石積の円形橋脚の上に設けられた旋回橋が回転するようになっており、人々はこれを見て「磁石橋」と呼んでいた。当時の大阪を描いた錦絵などにも好んで取り上げられ、大阪の名物となっていた。磁石橋は居留地とともにまさに文明開化の象徴であった。

森琴石が見たのはこのころの安治川橋である。しか

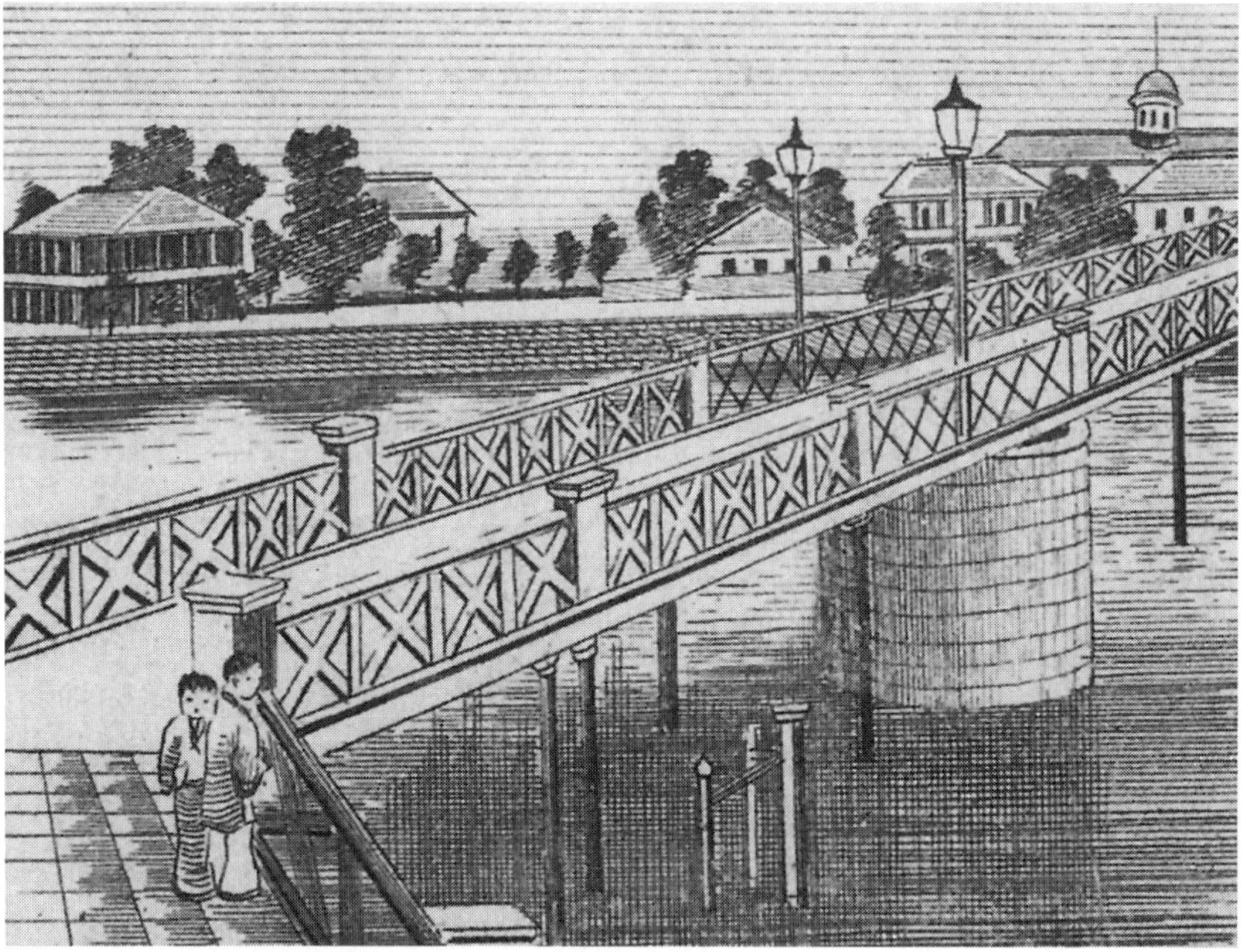

し、日本で初めてといわれるこの旋回橋は短命で、明治十八年には大洪水を機に解体されてしまった。その後は普通の木橋が架けられていたようであるが、それも大正頃には撤去されていた。

今日、安治川橋が架かっていた両岸には、大阪市中央卸売市場や倉庫が建ち並び、往時の面影は見られない。（新）

78 大阪府庁

市民驚かせた本格洋風建築

いま大阪府庁は、中央区大手前にある。現在の地に庁舎が建設されたのは、大正十五（一九二六）年十一月のことであった。では、それまではどこに置かれていたかというと、西区の江之子島であった。

江之子島は、いま訪れるとその面影はないが、当時はその名の通り島であり、木津川と百間堀川に挟まれた中州になっていた。それが戦後百間堀川の埋め立てに伴い、東の市街地と地続きになった。

その中州に、明治七（一八七四）年、府庁が新設された。俗に「江之子島政府」と呼ばれる。もちろん本格的な洋風建築である。その頃、大阪市内の大規模な洋風建築といえば造幣寮くらいであったから、たいへんな驚きをもって迎えられたことだろう。

両翼を伸ばした二階建で、中央にはオーダーという四本の円柱と三角形のペディメント（破風）を配し、屋根には高いドームを乗せた。威風堂々とした府庁舎らしい建物である。

この建物は、木津川の方向、つまり西に向けて建てられていた。その方向には、川を挟んで川口居留地があり、さらに遠くには海が望めた。新時代にふさわしく、外の世界に開かれた建物ともいえるだろう。

ところが、その建設計画について、面白い話がある。建物の設計は当初造幣寮の建設に携わっていた外国人技師に依頼されたという。しかし、設計料があまりに高額だったため解約することになったのだが、出来上がっていた図面を返す前にそれをこっそり写し取り、建設を進めたのだという。

この話が真実であるとすれば、それは由々しきこととも いえるし、当時の役人も案外狡猾であったともいえる。

いずれにせよ、この壮麗な建物は大正末まで府庁舎として用いられ、後に府の工業奨励館に転用されていたが、昭和二十（一九四五）年の空襲で焼失するに至った。先の大戦では多くの文化財が失われたが、これもそのひとつといえる。

もし現在残されていれば、近代大阪の黎明期を象徴する建造物として、さぞかし貴重な文化財になっていると思われる。
（船）

79 雑喉場

海の鮮魚扱う大市場

西区の江之子島にあった旧大阪府庁のことは前回紹介したが、今回はその北側にあった雑喉場について取り上げよう。

雑喉場と書いて「ざこば」と読む。落語家に桂ざこばさんがいるが、その名前でもおなじみだろう。天満青物市場、堂島米市場と並ぶ大坂の三大市場のひとつであった。

江戸時代、魚の取り引きは、鮮魚と塩干魚とが別々に行われていた。また、海産魚と川魚も別であった。雑喉場は、海の鮮魚を取り扱う市場であった。

江戸時代の初め、鮮魚を扱う市場は市街地の船場にあったが、海から遠く運搬に時間を要するため、夏場になると魚が腐ったりする問題が起きた。そこで、海に近い鷺島という場所に移動し、延宝年間（一六七三～八一）には鮮魚問屋も皆この場所に移転して、雑喉場（雑魚場）と呼ばれるようになった。

徳川吉宗の時代、享保五（一七二〇）年には、五十軒の問屋があったという。しかし、さまざまなトラブルも起き、ほかの場所の問屋が鮮魚の取り引きを侵害してもめたこともあった。また、雑喉場が本来扱ってはいけない川魚を扱い、川魚市場からクレームがついたこともあった。

明治時代以降も雑喉場は存続したが、昭和六（一九三一）年、中央卸売市場ができて、雑喉場も他の市場とともにそこに吸収された。

雑喉場は、江之子島を挟む木津川と百間堀川のうち、百間堀川の東岸にあった。問屋の裏側が、この堀川に面していた。魚を積んでやってきた船は、そこに着岸し、鮮魚を運び込んだ。昔の絵や写真を見ると、堀川に何隻もの船が係留され、魚を入れるトロ箱が山積みされている。

市場と言っても、広いスペースがあったわけではなく、狭い通りの両側に問屋が並んでいるという形であった。通りには、水を使うためだろうか、切石が敷かれている。ここに大勢の仲買人がひしめいていた。

現在では、この堀川も埋め立てられ、雑喉場魚市場も姿を消した。跡地には記念碑が建っている。（船）

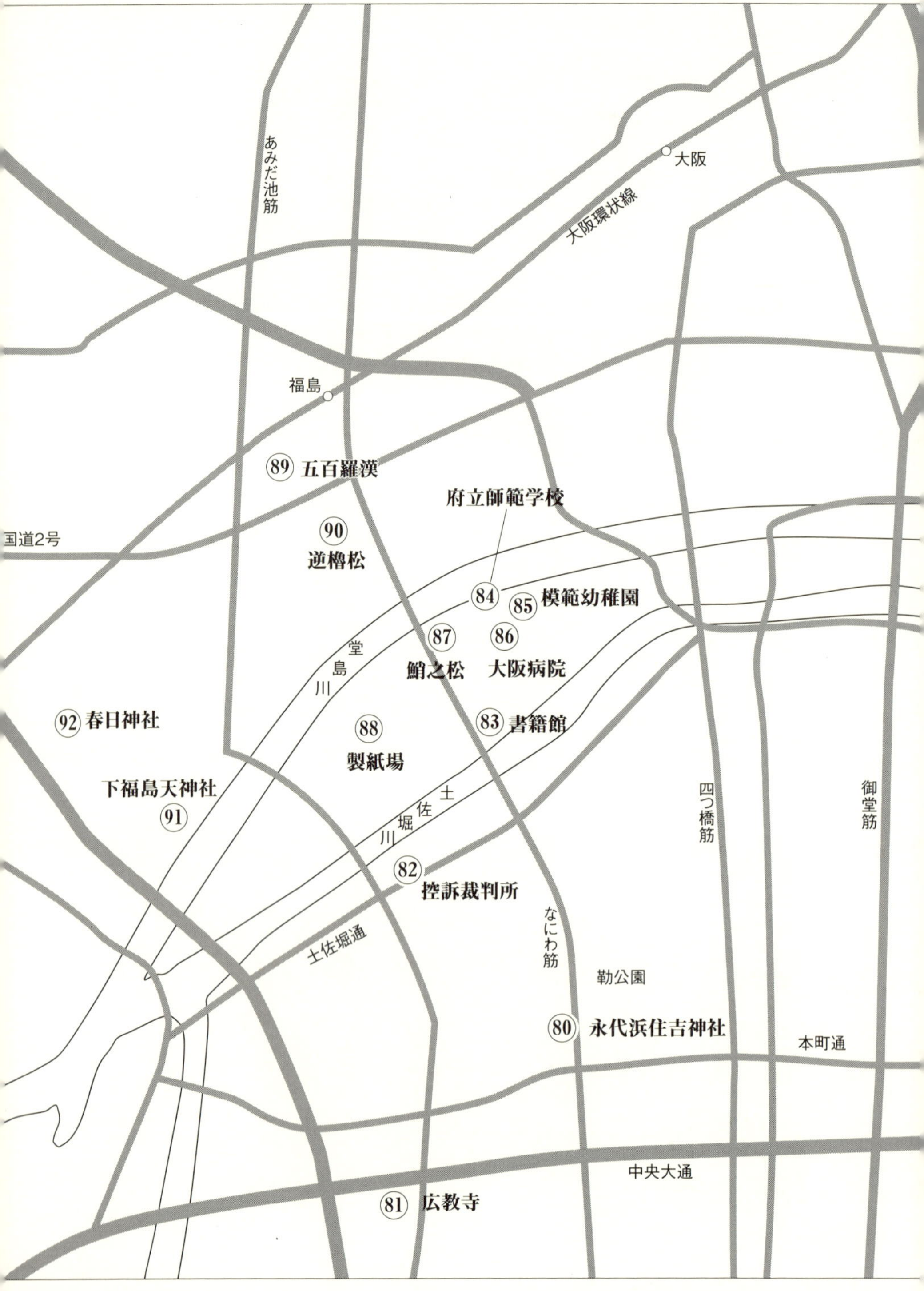

あみだ池筋
大阪
大阪環状線
福島
89 五百羅漢
府立師範学校
国道2号
90 逆櫓松
84
85 模範幼稚園
87
86
堂島川
鮹之松
大阪病院
92 春日神社
88
83 書籍館
製紙場
下福島天神社
91
土佐堀川
四つ橋筋
御堂筋
82
控訴裁判所
なにわ筋
土佐堀通
勒公園
80 永代浜住吉神社
本町通
中央大通
81 広教寺

「西之方」二

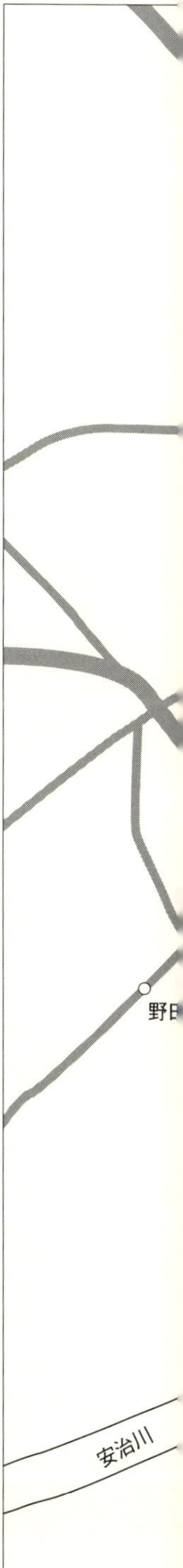

80 永代浜住吉神社

今に残るご神体、クスノキ

この社の名前についた永代浜は、市内を流れる多くの川や堀川と同様、第二次大戦後の埋め立てで消えてしまった。阿波堀川が今の西区靱本町一丁目付近で分かれて北上し、海部堀川《かいふほりかわ》につくあたりの、ほぼ直角に開削された船泊りの東側一帯が永代浜である。現在靭公園は、なにわ筋で東西に二分されているが、靭公園を南に抜けたなにわ筋の路上がほぼこの永代浜の船泊りに相当すると思われる。

永代浜住吉神社はその西北、海部堀川に架かる上之橋北詰にあった。残念ながらそれは過去形であり、琴石が描いた永代浜住吉神社は今はない。代わりにあるのは、樹齢三百年余りと推測されるクスノキをご神体とする楠永神社である。

しかし、不思議なことに、琴石の絵には二本の松の木とおぼしき樹木が描かれているが、周囲が三メートル以上もある立派なクスノキはどうしたのであろうか。明治の末年に生えてきたわけではないので、この左側に描かれたのがそれに相当する木なのであろうか。ともあれ、この木は戦災をくぐり抜け、幾つかの伝説を持つ文字通りのご神体として、現在でも地域の人々のより所になっているという。

住吉神社はどこに行ったかと言うと、港区の天保山にある港住吉神社に合祀された。天保山の開発にこの地域の人々のかかわりが深かったせいであろうか。移されたのは明治四十（一九〇七）年と言われているので、琴石が見たのは紛れもなく移される前の永代浜住吉神社だったのである。

元々この一帯は、干魚、昆布、かつお節などを商う大小の問屋、小売商、それに関係する運送会社、倉庫、現在のパッケージに当たる桐箱商などが軒を並べたところであり、永代浜もこれらの物産を荷揚げし、取引するための場としてつくられ機能してきたので

あった。

そんな街の真ん中にある永代浜住吉神社の祭礼日七月三十日、三十一日には、この一帯の町内では日頃扱っていた商品を使って人形を作り、見物に供したという。昆布の着物や鰹節の手足、干鰯の眉や唇を持った人形が並んだのであろう。現在では陶器神社の祭礼の際に作られる瀬戸物人形が残っているくらいであるが、かつての商都大坂では扱う商品ごとに街を形成し、そこの祭りにはこのような扱い商品を使った人形が数多く作られ披露された。

（菅）

81 広教寺

大戦で本尊残し焼失、移転

広教寺は今の薩摩堀公園のところにあった、西本願寺派に属する浄土真宗の寺院。千坪を超える広い境内があり、薩摩堀御堂とも呼ばれ、大坂の町の有力な真宗寺院のひとつだった。琴石が尋ねた当時は、本堂は高くそびえ、境内は木々で囲まれていたそうだ。惜しくも第二次世界大戦で本尊を残して焼失し、現在は豊中市に移っている。

大坂にはたくさんの寺院が集まった寺町がある。北には天満寺町、南には城南寺町、生玉寺町、下寺町などの街区があり、いずれも市中の外縁部に位置している。不思議なことに、これらの寺町には真宗の寺院は含まれず、その多くが市中に寺地を構えている。

大坂の寺町は、豊臣秀吉が大坂城を築いた時に形成された。秀吉は市中に寺地があることを許さず、以前からあった寺院を移転したり、築城に併せて他の地域から移ってきた寺院を取り込んだりして、市中の周辺に配置した。

戦時にはお寺の大きなお堂と塀で囲まれた境内は要塞となり、大坂城の防衛線のひとつとなるように整備したとも。広い敷地の寺院を市中から移すことで、土地の有効な活用を図ったともいわれている。大坂の陣の後、江戸時代になってもこの原則は受け継がれ、市中に寺院を置くことは原則禁止された。

ところが、真宗の寺院にはこの決まりはあてはまらず、広教寺のように市中に寺地を構えることが認められた。ただし、寺地の税は通常は免除となるが、市中の真宗の寺院は地税を負担しなければならなかった。このような特別な措置がとられたわけは、妻帯を認める真宗の教義によるとも、石山合戦で信長や秀吉とわたりあった真宗教団の力を恐れたともいわれている。

しかし、実際のところ大坂には真宗寺院がたいへん多かったため、それらのすべてに免税の特権を与えることが財政的に厳しかったことが、大きな理由と考えられている。

元禄八（一六九五）年の『大坂町中江出寺請状諸宗五人与判形帳』は、当時大坂にあった約三百八十のお寺の印鑑を登録した台帳。市中にあった真宗のお寺は、そのうちの四十五パーセントを占めていた。これだけたくさんの寺院が市中にあったということは、町衆と真宗が深い結び付きを持っていたことを示しており、大阪が石山（大坂）本願寺の寺内町として生まれた町であることを思い起こさせる。（慎）

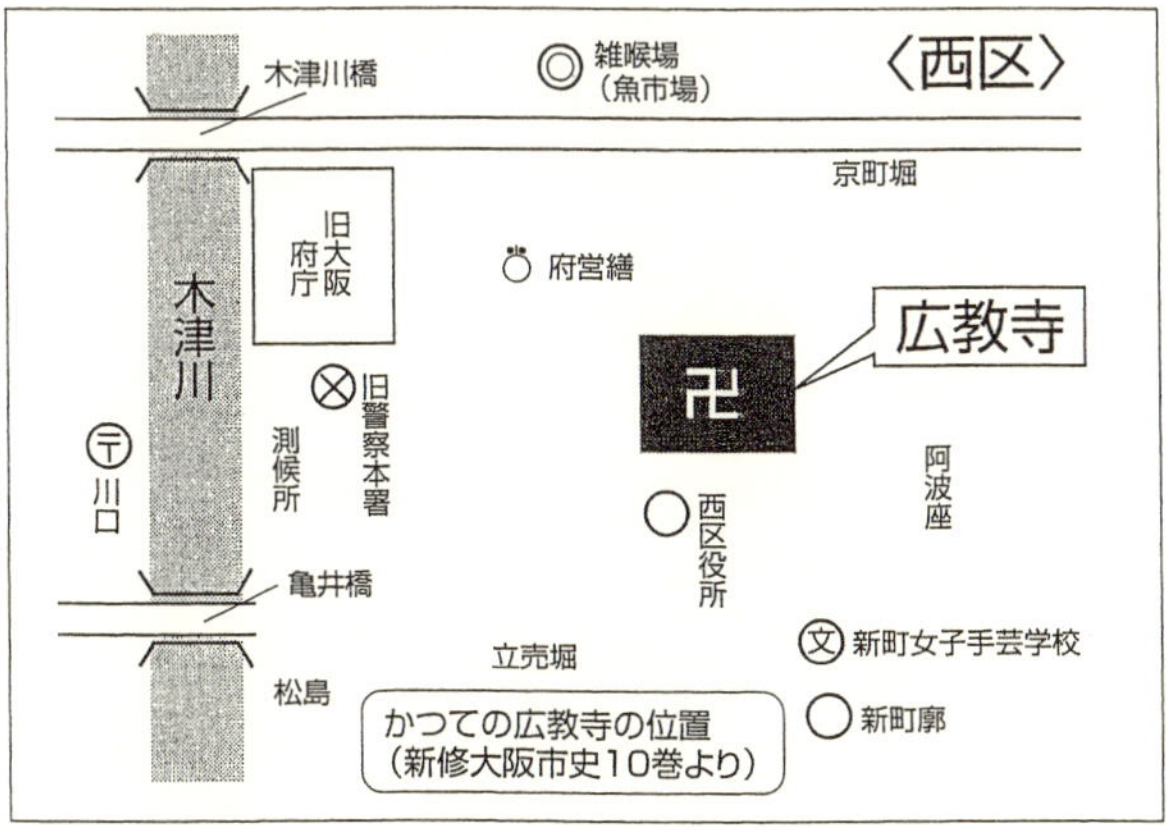

かつての広教寺の位置
（新修大阪市史10巻より）

82 控訴裁判所　近代治安国家の象徴

テレビドラマ『白い巨塔』(山崎豊子原作)で、唐沢寿明演ずる財前五郎が誤診疑惑で患者遺族と争う際に法廷として映るのは、西天満にある今日の重厚な裁判所である。それ以前の高塔が美しい赤煉瓦の旧庁舎は、戦災をのがれて大正五(一九一六)年から昭和四十八(一九七三)年まで君臨し、織田一磨の「大阪風景」をはじめ多くの芸術家に愛され、市民に親しまれてきた。

ところで森琴石が明治十五(一八八二)年に描いたのは西天満ではなく土佐堀四丁目(現二丁目)の越中橋南詰西側にあった、大阪高等裁判所の前身の控訴裁判所である。

明治維新後、司法省は大阪裁判所を中之島一丁目に置いたが、明治八年には東京、長崎、福島と並んで大阪上等裁判所が西道頓堀の旧金沢邸に開庁し、翌九年四月に土佐堀庁舎が新築されて移転した(初代裁判所長は松本暢)。大阪上等裁判所の管轄区域は石川から山口までの諸県に及び、その名称は明治十四年に控訴裁判所(琴石の絵はこの時代)、同十九年には大阪控訴院と改称され、戦後の昭和二十二(一九四七)年に大阪高等裁判所となった。大阪控訴院は明治二十三年一月に若松町(西天満の現在地)に移転したため、土佐堀時代はわずか十四年間にすぎないが、三井倉庫大阪支店西北角に「明治天皇聖蹟・上等裁判所址」の石碑がある(大正十四年建立)。

移転して空いた土佐堀の建物には、逆に若松町治安裁判所が移されて大阪区裁判所となった。京町堀にも明治十九年に関西法律学校(関西大学の前身)が創立されるなど、当時の西区は法律にゆかりの深い場所だったようだ。

琴石翁は大阪控訴院の堂々たる姿を橋向こうの中之島から静かな川面を挟んで描写する。季節は冬だろうか。手前に配した大木が木造二階建ての洒脱な洋館を遠く望み、威風堂々たる近代的な治安国家の権力体系を象徴している。

ところで越中橋は、下中之島から土佐堀川に架けられた橋の中では最も古いが、現在も車両通行のない広々とした歩行者専用の橋である。土佐堀川の真ん中で、のどかな橋の上から活気ある街をぐるりと眺め渡すと、予想外に美しい景色が展開し、いにしえの大阪へ思いを馳せてみた。（小）

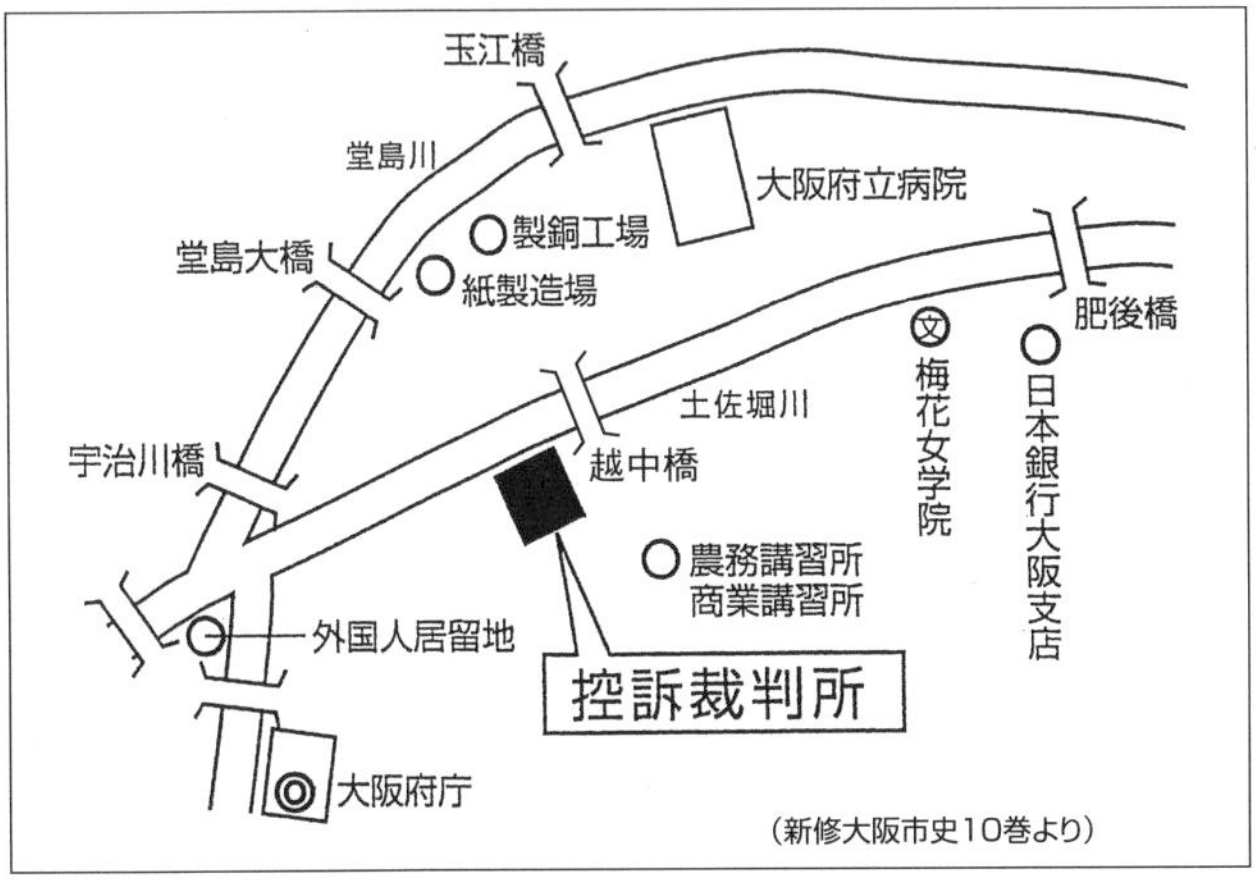

（新修大阪市史10巻より）

83 書籍館

大阪で最初の公立図書館

大阪の図書館といえば、府立中之島図書館が思い浮かぶ。その前身といえるのが「大阪府書籍館《しょじゃくかん》」である。

書籍館は大阪で最初の公立図書館であった。それまで市内の小学校に分散していた図書施設を明治十一（一八七八）年に、北区常安橋近く（今の大阪市立科学館の西側あたり）の第二大区六番芦池小学校に統合、開設したのである。和漢洋書合わせて約二万冊の蔵書があったが、利用者はなかなか増えなかったらしい。そこへ府の財政悪化が重なり、明治二十一年に閉鎖されてしまった。蔵書は大阪博物場へ移され、さらに明治三十七年に開館した大阪図書館へ移管され、中之島図書館へと受け継がれてゆく。

図書館は文明開化とともにやってきた。江戸時代には貸本屋や個人所蔵の文庫はあったが、大量の書籍をひとところに集めて公共の益に資するという発想は、それまでの日本にはなかった。

『大阪名所独案内』にも、「和漢洋の書をあまねく集めて館内につらね、衆庶縦覧を乞う者に館に入ることを許さる」とある。「書籍館」の大きな看板がかかった門の向こうに洋館風の平屋の建物があり、門前にはステッキを持った紳士や女性が五人、館に向かって歩いている。小さな挿絵でよく見えないが、大きな荷物は抱えていない。当時の書籍館は閲覧のみで、書物の館外貸し出しは行っていなかったから当然であろう。

書籍館規則第十四条には「館内ニ於テ朗読又ハ雑談飲食吹煙等ヲ禁ス」と定められていた。館内の禁止事項を書いてあるのだが、面白いのは館内で本を音読してはならないというくだりである。明治時代には、読書といえば音読が主流であったことが分かる。

筆者の明治三十年生まれの祖父は新聞を毎日音読していた。幼心になぜいちいち声を出して読むのかと不思議であった。けれど、明治以前の読書は音読が主流であったと知ると、なるほど納得できる。

本の音読など小学校以来であるが、やってみると意外に中身に入り込めて気分の良いものである。ただし、通勤電車ではおすすめできないが。

（松）

書籍館は常安橋近く、現在の市立科学館の西側にあった

84 府立師範学校

大阪近代教育初期の拠点

森琴石が描くところの府立師範学校は、積み木のような幾何学的で単調な建物として描かれている。しかし、よく見ると、入口には三段くらいの階段とその上に飾りの付いた柱頭付き丸柱、さらに三角形の破風がのり、あたかもギリシャ神殿のような造り。文明開化の精華を広く万民のものとすべく、その使徒とも言える小学校教師の養成を託された学校の意気込みの感じられる建物だ。

大阪における小学校教員の養成は、特にその草創期において明治政府の混乱と軌を一にして複雑な過程をたどっている。ここに描かれた師範学校は北区中之島、現在の大阪大学医学部跡地で、今は大阪大学中之島センターの新しい建物が建っているあたり。江戸時代には久留米藩蔵屋敷があったところという。明治十(一八七七)年から同三十四年(十一年から十四年を除く)の間、この地にあった。

明治七年五月、大阪府により東本願寺掛所(南御堂)内に現役教員対象の教員伝習所として創立。このとき、すでに前年に文部省が設置した国立の「大阪師範学校」があったが、明治十年に起こった西南戦争で財政逼迫した中央政府はこれを同十一年二月に廃校にしてしまった。したがってその後この「大阪府師範学校」が公立の師範学校としては大阪唯一のものとなる。

また、南御堂からの移転もここが西南戦争の総督府として接収されたからだった。映画「ラストサムライ」のモデルといわれる西南戦争だが、東京や鹿児島、熊本ばかりでなくここ大阪でも、それも教育の歴史に影を落としていた。

この時、南御堂時代からいっしょにあった修正学校、進級学校も合併されて大阪府下最初の中学校となって、中之島の同じ敷地内に移る。後の北野中学校さらに大阪府立北野高等学校となるこの学校も、一時は師範学校の中等科に編入された時期がある。

明治十九年にできた女子師範学科は同三十三年に独立し大阪府女学校から大阪府立大手前高等女学校、そして現在の大阪府立大手前高等学校へと続いていく。

さらに、この場所では師範学校不在の明治十二年に、大阪初の幼稚園である府立模範幼稚園も設立されている。さらに、明治三十四年に師範学校が天王寺に移転した後は、中之島尋常小学校が置かれた。このように、この地はまさに大阪近代教育の揺籃の地でもあった。

（菅）

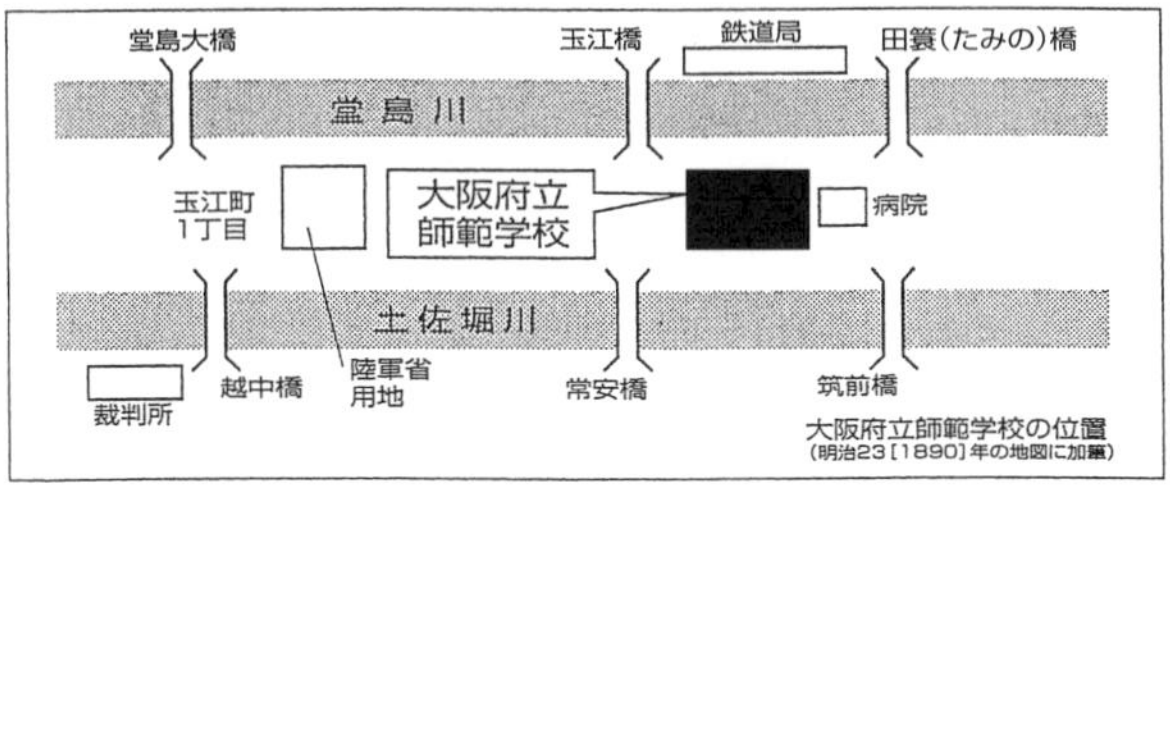

大阪府立師範学校の位置
（明治23［1890］年の地図に加筆）

85 模範幼稚園

経済の地から教育の地へ

「お受験」なる語が世に広まって久しい。有名私立小学校はおろか、今や有名幼稚園受験をも表す語である。「幼稚園」は、一八三七年にドイツの教育家フレーベルが、ブランケンブルクという町に初めて開設した。ドイツ語の〝キンダーガルテン〟は、子どもの園を意味する。遊びによって子どもの能力を、引き出し発達させることを提唱した彼は、現代のお受験をどう見るか。

それはともかく、「幼稚園」はヨーロッパやアメリカで普及した。日本でも明治九（一八七六）年に、近代教育制度の一環としての「幼稚園」が誕生した。東京御茶の水、前年開校した東京女子師範学校の付属幼稚園である。同十二年には鹿児島と大阪に一園ずつが開設されている。

大阪での例が、府立模範幼稚園である。開園は五月三日。場所は北区常安町の旧大阪府師範学校跡、現在の北区中之島四丁目三番。「家庭と学校の橋渡したらん」という設立趣旨から、模範幼稚園の名が付けられたのであろう。

大阪府師範学校については、前項に詳しいが、明治八年開校、同十年、常安町に新校舎を得たが、翌年東区谷町二丁目に移転、三年後に再び旧校舎へ戻り、名称を府立大阪師範学校とする。

琴石の記述は、師範学校と幼稚園の共存時期になる。お気付きであろうか、「師範学校之図」と同一の建物が描かれていることに。

明治十六年、今度は幼稚園が府会の決議により廃園となる。跡地には私立中洲幼稚園が開園し、備品などの一部は、現存する愛珠幼稚園に引き継がれた。市内に公私立の幼稚園が増加し始めるのは、これ以後のことである。

江戸時代、中之島には諸藩の蔵屋敷が立ち並んでいた。模範幼稚園や師範学校は久留米藩蔵屋敷の跡地に建てられている。明治三十四年、師範学校は天王寺へ転出し、同地では大倉商業学校の開校、大阪医科大学（後の大阪大学医学部）の敷地拡張などの変遷があった。

平成五（一九九三）年には同学部も吹田市へ完全移転し、一帯は大阪大学中之島センターが開設され、大阪市立近代美術館建設予定地でもある。経済の地から教育の地へ、そして文化発信の地へ。数年後、周囲の景観は再び大きく変わっていることだろう。（野）

86 大阪病院　尖塔が目印、医療のメッカ

明治初年の中之島西部にはどのような景観が広がっていたのだろう。

中之島の北側、堂島川に面して舟入が開口し、それを囲んで諸藩蔵屋敷の白壁が連なる様は、前代とさほど変化はなかったのだろうが、実質的な機能と賑わいは失せつつあったに違いない。

そこに、当時としては珍奇な塔のある洋風建築が姿を見せた。明治十二（一八七九）年、西本願寺津村別院（北御堂）の敷地内から移転してきた大阪府病院である。

病院の名称は移転後「大阪公立病院」と改称したが、曲折を経て二十一年には大阪医学校の付属病院となり、大正十三（一九二四）年に対岸の堂島に移転するまでこの地で医療活動を展開した。

伴源平が「西洋の医師、本邦の医官出頭なし病者治療を乞ふ者は之を診察し、薬を与へ云々」と書くように、ボードウィン、エルメレンスら優れたオランダ人医師によって礎が築かれたこの病院は、「国手、病鏡、該院に充つ」当時の医療のメッカであった。

旧広島藩蔵屋敷の故地には、今日もやや人気のない空き地が広がる。東側のダイビルと関西電力ビル一帯は再開発が進んで高層ビルが林立し始め、南に唯一円筒形のモダンな形状を立ち上げていた科学館脇には、国立国際美術館が千里から移転してきた。空き地にもいずれ時が至れば、大阪市立近代美術館が姿を見せるだろうが、今しばらくは寂れて空漠たる空間である。

百二十年前、琴石はこの地にしばしば杖を引いたと思われる。病院のすぐ隣り、玉江橋南詰には師の鼎金城の門で兄貴分にあたる南画家・行徳玉江の家居があったし、手前の宗是町（現在のダイビルのあたり）には、親しい同業の伊藤穎男が銅版工房聴泉堂を開いていた。

いまだ少壮の琴石であるが、最初の妻ばかりか二度目の妻まで早世させたのがつい六年前のことである。散策がてらに目に留めた風物のなかでも、ひときわ目を引いたのは病院の尖塔ではなかったか。製紙場など近隣工場の煙突のほか周囲に高い構築物もなく、塔の上から東は遠く金剛生駒、近くに大阪城、西は六甲山や手前の尼崎あたり、南は四天王寺の塔、北は十三よりはるか向こうまで手にとるように見えたという。（熊）

87 鮹《たこ》之松

旧久留米藩か広島藩か

京都に蛸薬師、岸和田に蛸地蔵。大阪市内にもタコの名の名所があった。中之島は鮹之松。松の巨木である。タコはタコでも、寿司屋のように魚へんの鮹の字をあてる。位置はどこか。玉江橋の東、旧久留米藩蔵屋敷の浜にある大樹の老松を指すと『大阪名所独案内』は記す。

玉江橋は堂島川の橋で、真正面に四天王寺の五重塔が見えたのが、大坂七不思議といわれた。ただし琴石画伯の絵にあるのは玉江橋ではなく、上流の田蓑橋である。また別の書物では、鮹之松を久留米藩ではなく、東隣の広島藩蔵屋敷の浜にあったとし、慶長年間(一五九六～一六一五)、福島正則が植え、同藩が代々世話していたものとする。両藩の間の浜にあったのは違いないが、どちらが正解か結論づけるのは難しそうだ。両説の紹介にとどめよう。

画面右、道沿いにある手すり状の欄干が舟入橋だ。鍋島、鳥取、広島、高松、阿波、熊本、久留米の蔵屋敷には、鉄道の引き込み線のように邸内に物資を搬入荷揚げする舟入があった。舟入への水路が道を横切り、この水路に架けられた橋が舟入橋である。この絵は久留米藩の舟入橋だろう。

「枝葉繁茂して四方に垂るる形ち恰《あたか》も鮹の如し」垂れ下がる枝を蛸足に見立てたのは奇抜。さらに鮹之松は、遠く望めば鶴の舞う姿にも似て鶴之松とも称され、昔は付近に、亀の形の亀之松まであったという。『摂津名所図会大成』も鮹之松を見事な枝ぶりの巨木に描く。明治十(一八七七)年頃に枯れてしまったが、現存すれば天然記念物だったかもしれない。

さて鮹之松ゆかりの久留米藩蔵屋敷だが、天神祭の船渡御が、堂島川を下って松島の御旅所へと向った昔、鮹之松付近に篝火を焚く大篝の船を出したことで知られる。一方、広島藩蔵屋敷は、跡地が『白い巨塔』ゆかりの大阪大学医学部となり、今は大阪市立近代美術館建設予定地だ。

「いつになったら近代美術館が建ちますのやろ……」。準備室発足から二十年近くもたち、名作も多数所蔵しながら、美術館はまだできない。明治の大阪画壇を代表する森琴石画伯も、力作の数々を新しい美術館で皆さんにお目にかけたいはずだ。美術を愛し大阪の文化芸術の将来を憂う市民の嘆きを、耳にタコができるほど聞いてきた私も心が痛む。

（橋）

『摂津名所図会大成』に描かれた「蛸松」

88 製紙場

良質の国産洋紙を生産

『大阪名所独案内』は初回に紹介したように、オール銅版刷りの和紙を袋とじにして、黄色の表紙を付けた和装横本二冊である。当時洋装本も出始めたが、一般書ではまだまだ和本が主流であった。しかし、この本でも冒頭の「以高麗橋下距離計遠近」図だけが白い洋紙にすられている。

また、現在分かっている琴石・響泉堂の銅版試し刷りはすべて良質の洋紙に刷られているから、洋紙のほうが良かったには違いない。

洋紙の需要は、むしろ官庁や会社でのペン書き簿記に必要な帳簿類や、この頃陸続と発刊された活版両面刷りの新聞などにあった。高価な輸入洋紙を大量に使用するには限界があるから、自然国産洋紙の生産が求められたのである。

明治三（一八七〇）年、伊藤博文らの米国視察団に加わった大阪の両替商・百武安兵衛は製紙業に興味を覚え、早速製紙機械を注文する。すなわち、わが国では初の快挙であったが、契約の不備からか約束の翌年夏に機械は届かなかった。

安兵衛はくじけず、改めて英国に機械を注文。明治七年、アンフェルストン社製の機械がめでたく到着した。しかし、安兵衛が経済的に行き詰まったことから、機械は後藤象次郎の蓬莱社に譲渡され、玉江町の旧熊本藩蔵屋敷に新築された工場に収まり、翌年から稼動を始めたのである。

製糖工場も同時に営む蓬莱社から経営を委ねられたのは、弱冠二十五歳の真島襄一郎であった。明治九年には真島に両工場の権利が移って大阪紙・砂糖製造会社となったが、『大阪名所独案内』の出た明治十五年には住友家の所有となった。

その後も再三権利譲渡があって大正十五（一九二六）年に樺太工業に合併され、さらに王子製紙に合併されて今日に至っている。ただ、重厚なれんが造りの工場群は夢のまた夢、はるか以前からこの地にはなく、現在はリーガロイヤルホテルの建物が林立する。

「器械を以て純白精巧の洋紙を製造なす工場にて場内広く壮観なり」と伴源平も記すように、当時ここで漉《す》かれた洋紙は木綿ぼろを原料にした良質の「コットン紙」であった。木質パルプを原料にする紙の国産化は明治二十一年以降のことである。（熊）

リーガロイヤルホテル前に建つ石碑。明治十（一八七七）年二月十六日、この地を訪れた明治天皇は一時間余り製紙工程を巡覧したという

89 五百羅漢（妙徳寺）

故人に似た像見つけお供え

妙徳寺は、JR福島駅の南西にある福島公園の辺りにあった寺。禅宗の一派である黄檗宗《おうばくしゅう》に属し、京都宇治の万福寺の末寺である。森琴石は正徳元（一七一一）年に建立したと記しているが、実際はもう少し創建はさかのぼる。

開創は行基と伝わっているが、天和元（一六八一）年に鉄梅和尚の時代になってから次第に寺観が整う。江戸時代の地誌『摂津名所図会』によれば、広い境内には仏殿、禅堂、鎮守堂などたくさんの堂が立ち並んでいた。

残念ながら、明治四十二（一九〇九）年に起こった「北の大火」で全焼してしまい、昭和三（一九二八）年に東大阪市の額田に移転する。

『摂陽奇観』という江戸時代の年代記に「仏殿釈迦仏の巡りに五百羅漢を安置す。俗に五百羅漢の寺という」とあるように、妙徳寺は「五百羅漢」の彫像を祀っていることで広く知られ、五百羅漢と通称されていた。羅漢とは、悟りに達してもう学ぶことがなくなった尊い人を指す。釈迦の有力な弟子たちを、十六羅漢や五百羅漢と呼び、その彫像や肖像画を描いて祀ることもよく行われた。十六羅漢の彫像や肖像画は、比較的例が多いが、五百羅漢となると珍しい。全国的には、大分県の耶馬渓や神奈川県の箱根の羅漢寺が知られているが、市内ではもちろんこの妙徳寺だけだった。

『浪花のながめ』という江戸時代の名所記には「縁者の年忌には、五百の仏体のうち、我思ふほとけに似たところへ戒名をかき、茶湯御膳を備ふ」とある。五百羅漢の像の中には、亡くなった人によく似た面持ちの像があるといわれ、参拝した人は、それぞれ故人となった家族や友人を偲び、これと思う像にお供え物をしたことが分かる。

十七世紀の末から十八世紀の初めにかけては、戦乱のない世の中が続き、町衆の生活が安定したためか、多方面の文化が成熟する。信仰に対してもブームが起こり、京都や奈良の秘仏が大坂に出張して公開される出開帳が頻繁に行われた。また、市中の周辺には、開発の進展とともに新たな信仰の場が設けられ、その周りは茶屋などが立ち並ぶ繁華街として賑わった。

五百羅漢の妙徳寺は、善光寺如来出現の地として知られる堀江の和光寺とともに、その代表的なものだった。

（慎）

「西之方」二　198／199

90 逆櫓松　源義経と梶原景時大激論

ギャクロショウ? 「さかろのまつ」と読むそうな。何のことかと手近にある本を調べてみた。

このあたりに、淀川を上り下りする船が目印にしていた大きな松があった。ここでの出来事が逆櫓の松となる。

時は源平の合戦、元暦二(一一八五)年、平家追討のため屋島急襲の時、この松の下で源義経と梶原景時の間で交わされた軍船の設備の件、「逆櫓」をめぐって激論があったという。逆櫓?

船の進行とは逆の方向に進めるために付ける櫓のこと。これを付けると船を自由に操ることができ、船戦には欠くべからざるものらしい。

義経はこれから進攻しようとする時に、後ろへ進む櫓を付けることに反対した。一方の景時は、進むべき時、引くべき時をわきまえてこそ良い大将であると主張し、義経を「猪武者《いのししむしゃ》」とやり返したという。松の下でこの大激論が行われたことで、この松を逆櫓の松と呼ぶようになったとか。

元文四(一七三九)年に初演された「ひらがな盛衰記」に逆櫓の松が登場する。その後、この浄瑠璃が大いに人気を博し、この地にあった大きな老松を逆櫓の松と呼ぶようになったのが正解のようである。当然、江戸時代の中期以降にならないと逆櫓の松という名称は登場しない。

現在「逆櫓乃松址」の石碑が立つのは福島二丁目二番地のマンションの一角。森琴石が描いている松はこの地点にあった松ではない。北方の福島天満宮の南西、杉本家にあった老松。その後、根株になってしまい、そこに明治二十六(一八九三)年逆櫓神社が建てられたという。

この神社も明治四十二年の北の大火で焼失してしまう。大正十五(一九二六)年四月、福島史談会が老松の跡に建てたのが現在みる「逆櫓乃松址」碑。大正十五年に建てられた碑も第二次世界大戦の戦火で行方知れずとなってしまった。昭和三十（一九五五）年、このあたりの土地を買った運送業者が地ならしをしていたところ、戦火に倒れたこの碑が出てきたので建て直した。

しかし、事情が生じたらしく昭和四十九年五月に逆櫓保存会が現在の地点に「逆櫓乃松址」碑を移設、整備した。傍らに植えられたヒョロヒョロ松も、時を経れば大樹になることであろう。

逆櫓の松の由来もさることながら、明治以降、ここ百数十年の老松跡地の変遷と石碑の「盛衰記」こそ正確に記録しておかなくてはならないだろう。（伊）

91 下福島天神社

子どもら見守る「学問の神様」

福島には天神社が三つあり、上之社、中之社、下之社に分かれていた。そのうち中之社は戦災で焼失し、現在は上之社に合祀されて福島天満宮（福島二丁目）と改称された。下之社は下福島天神社として菅原道真と少彦名命《すくなひこなのみこと》を祀って、今日も玉川一丁目に鎮座する。

ところで大阪になぜ「福島」の地名があるのだろう。天神社にまつわる伝説によると、延喜元（九〇一）年、太宰府に左遷された菅原道真が河内の道明寺に伯母を訪ねた後、瀬戸内海を船で下るべく福島に来て船出の風待ちをしていた。

その時、菅公が土地の人に地名を尋ね、「鹿鬼《がき》島」または「葭原《あしはら》島」と呼ばれていると答えると、「鹿鬼は餓鬼、葭は悪しで良くない」と述べ、福島と改めたら後世必ず繁盛するだろうと忠告し、そのご縁で福島に天神社が置かれたという。

実証的には、天神祭の鉾流し神事では鉾の流れ着いた所を船渡御の御旅所と定めていたので、よく流れ着く当地に祠《ほこら》を建てて祀ったのが始まりだとする意見がある。また、かつて福島村が大阪天満宮の神領だったので天満宮を勧請したという別の説もあり、創立の由来は定かではない。

いずれにせよ、下福島天神社は長い間、学問の神様として人々に尊ばれてきた。今日では、大通りから少し入った静かな境内の東側に、薄桃色のフェンスで囲まれた下福島幼稚園があり、かわいい歓声が聞こえてくる。西の方には下福島中学校も置かれ、下福島天神社はまさに地元の子どもたちが賢く成長するよう見守っている感がある。

さて、森琴石が描くのは、何と奇抜な光景だろうか。遠近法を思い切り誇張した構図で、手前に配したに巨大なお百度踏みの石に対して、菅原道真公に参ろうとする左側の親子連れは豆粒のように小さい。また、小物が小さく描かれているため、境内は広々とした印象だが、今日、下福島天神社の敷地は鳥居までしかなく、当時の参道の長さや百度石の本当の大きさを実感することはできない。琴石の絵の意図は、学問への道の厳しさなのかと思えるが、どうであろう。（小）

92 春日神社

庄屋「藤家」の氏神祀る

春日神社は福島区新なにわ筋の玉川二丁目交差点から約二百メートル南東にある。森琴石の版画には流造りの社殿と数基の石灯籠が見えるが、今は十五坪ほどの境内に狛犬に守られた祠がひっそりと建つ。祭神は天児屋根命《あめのこやねのみこと》・天照皇太神《あまてらすおおみかみ》・宇賀御魂神《うかのみたまのかみ》で、もとはこの地の庄屋であった藤家の氏神を祀るために建てられたという。

現在、境内には二つの小さな藤棚がある。マンションの陰になって肩身が狭そうだが、よく手入れされた藤が晩春の開花を待っている。琴石も記しているとおり、かつて、このあたりは野田村と呼ばれ、藤花の名所であった。野田の玉川の藤、「野田藤」と呼ばれ、至る所に見事な藤が見られたという。

歴史は古く、貞治三（一三六四）年には、室町幕府将軍足利義詮が住吉詣での途中にわざわざ立ち寄り、文禄三（一五九四）年にも太閤秀吉が藤を愛《め》でるために訪れた。江戸時代には、参勤交代で大坂を通過する西国大名が苗や種を国許《もと》に持ち帰るほど、野田村の藤は全国に名をとどろかせていた。江戸時代後期には野田村のことを「藤野田村」と呼んだほどである。幕末から明治にかけて「野田藤」の名声はいよいよ高まり、大阪の名所として定着していった。

昭和二十（一九四五）年の戦災で春日神社は焼失したが、周辺の人々の懸命の努力で神社は再興し、藤も生き延びた。今また都市化の波という危機はあるが、藤は守られているのである。

ここで、近頃はやりの蘊蓄《うんちく》を一つ。日本で今、校庭や公園に植わっているほとんどの藤の学名は「ノダフジ」と言う。つまり、「野田藤」なのである。明治時代に植物学者・牧野富太郎博士が、つとに有名であった春日神社周辺の藤を調査し、日本原産の優れた種であると認定し、学名として正式に命名した。私たちが普段目にする藤のほとんどが、「ノダフジ」であるから、春日神社は大いに自慢すべきである。

現在、藤の名所は下福島公園に移ったが、春日神社の藤は、本家として顕彰碑に見守られながらこれからも見事な花をつけることであろう。

（松）

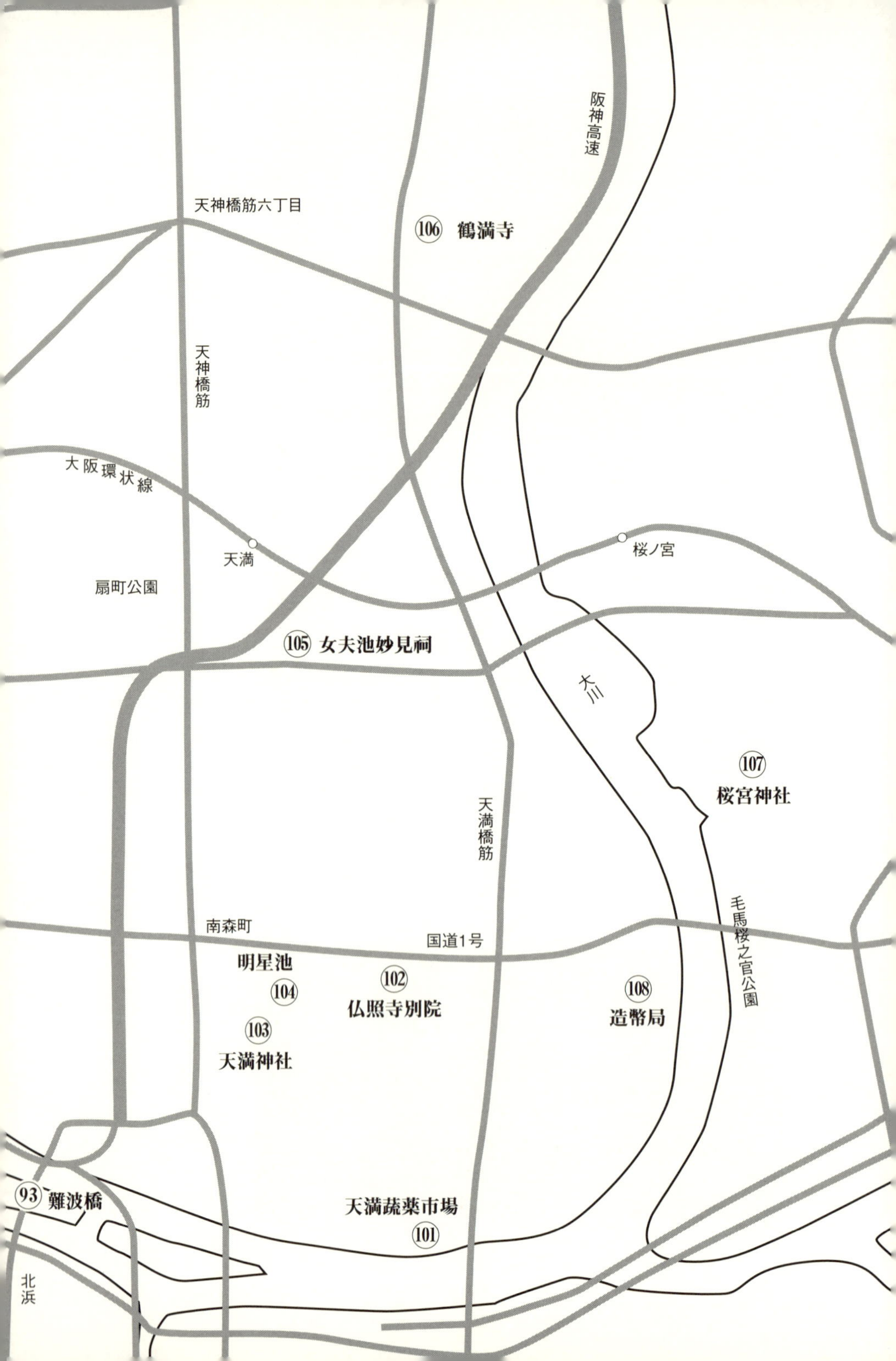
阪神高速
天神橋筋六丁目
106 鶴満寺
天神橋筋
大阪環状線
天満
桜ノ宮
扇町公園
105 女夫池妙見祠
大川
107 桜宮神社
天満橋筋
毛馬桜之宮公園
南森町
国道1号
明星池
104
102 仏照寺別院
108 造幣局
103 天満神社
93 難波橋
天満蔬菜市場
101
北浜

「東北之方」
阪急電鉄
東海道本線
新御堂筋
源光寺
100
中津
梅田
中崎町
なにわ筋
大阪
太融寺
9
98
停車場
国道2号
福島
四つ橋筋
御堂筋
大阪始審裁判
明治紀
豊国
97
堂島
96
95
94
日銀
堂島川
土佐堀川
淀屋橋
肥後橋
御堂筋

93 難波橋

茶店もあった夕涼みの場

江戸時代にこの橋は難波橋筋に架かっていた。北詰は樋之上町、南詰は北浜一丁目。幕府の公式記録『地方役手鑑』によると橋長は百十四間六尺、橋幅は三間半とある。寛文元（一六六一）年、幕府直轄の公儀橋となった。難波橋といっても現代っ子には分かりづらい。ライオン橋のことである。

橋を架けるという行為には、さまざまな理由がある。経済的・政治的そして生活に密着した側面など多岐にわたる。大坂は八百八橋といわれるほど橋が多かったというが、大坂三郷に実際に架かっていた橋は、二百ほどであったという。

こうした橋は大きく分類すると「公儀橋」と「町橋」となる。公儀橋は十二橋だけで、それ以外の橋は「町橋」となり、有力な商人や橋に近接している町々が分担して費用を捻出し、架橋・維持管理していた。

江戸に比べ、町橋が圧倒的に多かったのが大坂の町の特長である。さらに町橋の費用負担は、橋に一番近い町が最も負担が高く、橋から離れるほど負担が軽くなっていた。浪花人の合理的な考え方がよく分かるシステムだ。

橋詰には上荷船札、一般に言う高札が設置されていた。この高札の修復費は、船方の連中が負担していた。船方とは、船に乗ることを職業とする者を指している。また、出火時には船方と橋掛り町が「取りのけ人足」を出したことが分かっている。町橋はその普請・管理を含めて橋掛り町が負担するのが通例であった。

この難波橋のあたりは、江戸時代から夕涼みの場所として特に親しまれていた。琴石翁が見た橋のたもとには、夕暮れ時には客目当ての茶店など種々出ていた。氷水・甘酒・善哉《ぜんざい》・汁粉《しるこ》・西洋銘酒など、物売りの光景が繰り広げられていた。今と違い甘酒は夏の風物詩だったことも分かる。この橋上からの眺めもまた素晴らしく、十有余の橋を見渡せるほどであった。
明治九（一八七六）年、北側が鉄橋となり、同十九年に橋柱が鉄材に変えられ、さらに同四十五年、完成した市電堺筋線を北浜から天神橋六丁目へ延伸する際に現在の位置に移された。

市章「みをつくし」を組み入れた高欄、親柱にあしらったライオン彫刻など独特の雰囲気を持つ。近代化とともに少しずつその姿を変えてきた難波橋。四匹の獅子が大阪の行く末を見ているような気がしてならない。

（明）

「東北之方」　208／209

94 豊国神社　明治天皇が造営命じる

大阪城の一角に豊国神社があるのは、大阪城に行ったことのある人ならほとんどの人が知っているところであろう。豊国神社は言うまでもなく豊臣秀吉を祀った神社であり、大阪城内にあるに何ら不思議はないが、この神社、実は初めは中之島にあった。それも森琴石が描く一年ちょっと前にできたばかりの神社なのであった。

なるほど江戸時代、徳川の世に豊臣秀吉をはじめ、徳川に攻め殺された秀頼や、弟の秀長まで祀った神社はつくりようがなかっただろうが、明治十二（一八七九）年の十一月にできたのには明治政府の明確な意思が働いていたのである。この神社の創建を命じたのは明治天皇自身なのであった。これには当時あった大阪遷都論が大きくかかわっていた。

慶応四（一八六八）年、江戸城も開城する以前、薩長を中心とする新政府のなかで人心一新、開国和親を唱え、近代国家建設を夢見た大久保利通らは旧弊の地京都を捨て、交通の中心であり諸外国に通じ軍隊の整備にも適し、何より新政府の財政基盤を確実にしてくれる地として大阪への遷都をもくろんだ。

世に言う大久保の大阪遷都論であるが、いつの世にもいる守旧派の反対、特に公家と京都市民の反対で骨抜きにされ、一時的な天皇の大阪親征というかたちで終わるのである。慶応四年の三月から四月にかけての滞在中に、明治天皇は豊臣秀吉の偉功を賞すべく豊国神社の造営を命じたのである。

その後も紆余曲折があり、同じく京都に造営された豊国神社の別社として中之島に造られた。場所は現在の中央公会堂のあたりであったが、後にこのあたりが行楽の地になり、火事に遭ったり、近隣に自由亭、銀水楼などの料亭が軒を並べるようになったため、大正元（一九一二）年、現在の大阪市役所市庁舎敷地の東側半分に相当する場所に移転。さらに後、昭和三十六（一九六一）年、現在の地の大阪城内に移された。幻の大阪遷都の置き土産ともいうべき中之島の豊国神社跡地は、その後中之島一帯の公園化整備とも相まって、大阪市民の憩いの場、ハレの場として機能していったのである。

（菅）

「東北之方」　210／211

95 明治紀念標

中之島のランドマーク

今日ではその存在すら知る人は少ないと思うが、明治の中之島でひときわ目立つランドマークは明治紀念標であった。西南戦争の犠牲者を追悼するため、大阪鎮台の将校らが建てたモニュメントである。

明治十六（一八八三）年五月六日から三日間にわたって落成式典が行われ、その後も毎年五月に招魂祭がここで執行されたから、陸軍にとっては東京の靖国神社にも匹敵する施設であった。場所は中之島公園地豊国神社西隣、すなわち現在の中央公会堂後陣あたりと思われる。

明治十二年に建碑の議が起こり、その後砲兵工廠で鋳鉄製標柱の製造が開始されたが、いざ取りかかると製作は困難を極めた。鋳型に溶けた鉄を流し込む際に、巨大なるつぼを吊るす鎖が切れて熱鉄の湯をまき散らし、焦熱地獄のありさまだったと、まことしやかにうわさされたくらいである。

そして明治十五年九月、先端に九本の剣を突き立てた金色の球をいただく巨大な八角錐の標柱は、ようやく完工をみた。柱身部分だけで高さ十八メートル、台座を合わせた総高は二十二メートル余に及ぶ。

その周囲に紅灯や吹き貫きを連ね、仮拝殿での神官の祭詞に始まった式典は、隣の自由亭での饗応や、東京から駆け付けた軍楽隊の奏楽も珍しく、松島遊廓からお姫様の扮装をした一隊が繰り出すやら、連夜の花火大会やらと、お祭り騒ぎに終始したらしい。

実は、当初計画では紀念標を「白煉化《ママ》石積六角」で建造する予定であった。琴石製図・響泉堂銅鐫になる「明治紀念標百万分一縮図」という刷物が残されており、醵金を呼びかける一文とともに規模・仕様の明細を掲載する。それによると、総高二十一間一尺（約三八・五メートル）と竣工時よりもさらに大きく、醵金が予算を上回れば「花岡《ママ》石」で造るとしている。まさ

に白亜の巨塔を夢見たわけであるが、それが砲身に見まごう鉄柱となった事情は詳らかでない。

　梅檀木橋を渡って南三丁という至近距離に住まう琴石も、まさか自分の描いた完成予想図とは似ても似つかぬ標柱が、眼の前に出現しようとは予想だにしなかったろう。『大阪名所独案内』の出た明治十五年初頭、建設地は未だ風が吹くだけの空地だったはずである。いかに「胸中の丘壑《きゅうがく》」を描く南画家とはいえ、銅版画で緻密な写実を目指す琴石にとって、想像の名所絵は不本意だった。ために、縮図を示して門弟にでも委ねたものか、その名も「紀念表」と誤る迂闊さである。

　なお、明治紀念標は明治三十五年市立公会堂の建設に伴って陸軍の偕行社に移設され、その後戦時中に供出されたか被災したか、今はその姿を見ることができない。（熊）

96 大阪始審裁判所

「公正」象徴、質素な建物

近頃、世間を揺るがすような事件の判決や処分がよくトップニュースを飾り、裁判への注目度が高まっている。また、裁判員制度が平成二十一（二〇〇九）年五月に導入され、裁判制度自体も転換期を迎えている。

そもそも日本における近代司法制度の整備は、明治四（一八七一）年、刑部省と弾正台を廃して新たに司法省を設置したことに始まる。全国三府十二県に府県裁判所が置かれ、ここ大阪府でも中之島元弾正台大阪出張所を庁舎にして、「大阪裁判所」が明治六年に裁判事務を開始した。これが現在の大阪地方裁判所の起源である（初代所長は坂本政均）。

当時、司法省が裁判所を設置して大蔵省や府県から司法権を奪い取っていくことに対して、中央でも地方でも抵抗が大きく、裁判所と府庁の間には対立もあった。大阪裁判所設置を命じられた児島惟謙《いけん》小判事は、のちの明治二十四年、ロシア皇太子が襲われた大津事件で司法権の独立を守ったことで有名な大審院院長となる。

大阪裁判所は、明治九年には「大阪地方裁判所」となり、同十五年に「始審裁判所」と改称された。同二十三年一月には控訴裁判所（高等裁判所の前身）、中之島治安裁判所とともに堂島川を挟んだ若松町に移転する。

中之島一丁目で開庁していたのは約十六年間と短い。碑は市役所正面玄関南の緑地帯にあり、「明治天皇聖蹟　大阪裁判所址　大正十四年五月十日建　大阪青年連合会」と刻まれている。

初期の大阪裁判所では毎日の新訴件数が百件ほどもあり、繁忙をきわめたという。近世の封建的な制約のもとで訴訟の権を押さえられていた民が、裁判所の設置で解放されたことがよく分かる。明治七年には庁舎拡充が申請されている。庁舎には中之島牢と呼ばれる懲役場が設けられ、北に断頭台があったというのは本当だろうか。

森琴石が描くのは、現在の大阪市役所の場所にあった「始審裁判所」と改称されたばかりの建物である。南正面から階段を上がって左右に並ぶのは官宅で、門をくぐって敷石を歩くと玄関がある。訴訟人の出入口は別で、裁判所の南西と西側にあった。今日、裁判官の官舎は北区与力町などにあるが、司法を公正に遵守する判事の使命を象徴するような、質素で飾り気のない建物は、琴石の時代から変わっていない。（小）

97 堂島

「米切手」売買、全国相場に

学生時代、谷町にある「浪花そば」という店でアルバイトをしていた。この店ではお客さんからご飯の注文があると「シマ、一杯」と大きな声で調理場へ通していた。ご飯、米、めし、これが何ゆえ「シマ」なのか。大阪へ来て間もない私は頭をめぐらせた。東京、その筋では「コーヒー」が「ヒーコ」、「ジャズ」が「ズンジャ」。このノリだと「めし」は「シメ」となる。この「シメ」が時間の経過と言い癖から「シマ」に転じたに違いないと。この考証に自信を持ち、知った顔で私も「シマ、一杯」などと叫んでいた。

恥ずかしながら、めし↓しめ↓シマではないことを知ったのはその後、随分とたってからのこと。江戸時代、中之島の北側、堂島浜に米市場があったので、ここ大阪では米のことを（堂）島＝シマと言うのだと。

全国の藩は中之島周辺に設置した自藩の蔵屋敷に米を運び、堂島の米市場で売りさばき、藩の財政に充てた。米市というと現物の米を現金に替えるように思われるが、堂島では実際に売買されていたのは各藩の蔵に収蔵されている米の証券「米切手」であった。米市場は江戸や京、大津、下関にもあったが、堂島での相場が全国の基準となっており、米価が経済の根幹であった江戸時代にあって、全国の基準となった堂島は日本経済の中心地であった。

従って、堂島での相場を一刻も早く手に入れることは米にかかわる人々の利益に直結する。今日ならばコンピューターという道具で、望む人にはかなりな同時性をもって情報が入手できるようになってきている。江戸時代の堂島では手旗信号によって、相場を各地に伝えていた。市中への短距離通信には黒旗、遠距離通信には白旗で、中継地点では遠眼鏡を用いて各地に堂島の相場が伝えられた。

もともと堂島では人による飛脚のみが公認された方

法だった。安永六（一七七七）年に手旗信号に対する禁止令が、さらに天明三（一七八三）年には伝書鳩に対する禁止令が出されている。禁止令が出ているということは、その時点で手旗信号も伝書鳩も一部で導入されていたことを物語っている。米相場の競争原理にありながら、時々の「常識」を超えてしまう方法に対しては、周囲が横並びの現状維持に引き戻してしまうのである。前例主義と横並び主義は公・民を問わず、私自身も含めどっぷりと漬かってしまっているところである。

ともあれ、元禄十（一六九七）年頃から二百数十年にわたって続いた堂島の米市場も昭和十四（一九三九）年に閉鎖されてしまった。時の流れとは言え、大阪が経済の中心からズレていくのが米市場の閉鎖から始まったといえよう。

（伊）

98 停車場

大都市にふさわしい造り

森琴石が取り上げた「停車場」、それは大阪駅のことである。琴石の原文には「停車場」の横に「すてんしょん」のルビが振ってある。明治時代は、ステーションがなまって「ステンション」「ステンショ」などと呼ばれていた。時代の雰囲気を感じさせる言葉である。

描かれた大阪駅は、明治七（一八七四）年に造られた初代の駅舎で、れんが造りであった。場所は今の大阪駅の位置ではなく、少し西に離れたところ、現在の中央郵便局の西側辺りにあった。駅舎の前には、樹木が植えられた庭園があり、池もあった。その様子は、この絵からもうかがえる。

大阪―神戸間に鉄道が敷設される際、大阪駅は市街地の堂島に置かれる予定であった。駅の形も、現在の阪急梅田駅のように、線路が行き止まりになるターミナルにしようと考えられていた。しかし、その後、鉄道の京都までの延伸が考慮された結果、列車をスムーズに運行するためホームを通過式に変更し、場所も曽根崎村に変更された。

そのころ、駅周辺には湿地や田んぼが広がっていた。桜橋から曽根崎新地を抜けると、もう町外れで、「ステーション道」という寂しい道路を進んで駅に向かった。

その寂しさは、駅の敷地の北西脇に「梅田三昧」と呼ばれた墓地の名残りがあったことからも分かる。梅田の語源は「埋め田」といわれるくらい、このあたりは湿地帯で、市街地の外だったのである。

しかし駅ができてみると、周辺の市街化も進んだ。明治三十四年には、駅舎も新しくなった。写真の二代目大阪駅舎がそれで、この時、場所も現在地に移転した。

日清戦争後の当時、都市の発展に伴って大阪駅には物資や人々が集中し、貨物や旅客の取扱量も増加した。それに対応するため、駅舎が新築されたのである。写真を見ると、大都市にふさわしい立派な石造りの駅になったことが分かる。

この駅舎は、昭和十五（一九四〇）年に三代目の駅舎が竣工する少し前まで三十数年にわたり使用された。そのころには、阪急や阪神のターミナルも賑やかになり、阪急百貨店がそびえ立つなど、大阪を代表する繁華街「キタ」が生まれつつあったのである。

（船）

99　太融寺

光源氏？ゆかりの名刹

　ＪＲ大阪駅から扇町通を東へ三百メートルほど行くとその寺はある。町名ともなった太融寺である。オフィス街であり、歓楽街でもあるこの一帯は、北野と呼ばれていた。その地に広大な境内を有することから「北野の太融寺」と称された。

　弘仁年中（八一〇～八二三）弘法大師が嵯峨天皇の勅願により創建した。皇子・源　融《みなもとのとおる》が広大な敷地に七堂伽藍《がらん》を建立し、名刹としてたいへん賑わったという。本尊である千手観音菩薩は、嵯峨天皇の念持仏とも伝える。

　源融は、一般的に小倉百人一首で詠まれる河原左大臣の名としてよく知られる。河原院とは京の河原町に建てた彼の豪邸の名。宇治に別荘があり、それが後に平等院の前身となったといわれる。平安時代のたいへんな文化人だったのである。

　また、彼の経歴をモデルとしたのが『源氏物語』だともいわれる。源氏物語に描かれる光源氏の臣降下のエピソードや左大臣への就任は、彼の履歴とまったく同じだ。夕顔の段に展開する光源氏と夕顔が鬼に襲われた屋敷は、河原院とされる。

　栄華を誇った太融寺は元和元（一六一五）年、夏の陣で大坂城落城とともに兵火により広大な境内が灰燼《かいじん》に帰した。元禄年中（一六八八～一七〇四）に太堂・南大門など二十五堂宇が復興する。

　境内を散策すると、淀殿の墓を見つけた。もともと大坂城外・姫島神社に祀られていたが、明治十（一八七七）年、城東練兵場の造成の際にゆかりの深い太融寺に移されたものという。さらに芭蕉の句碑も建つ。元禄七（一六九四）年、芭蕉の門弟であった斯波園女《しばそのめ》が、師を招いた際に詠まれたものである。

　　しら菊の　目に立て見る　塵もなし

貞淑な招待主を白菊に例えて詠んだのだろう。芭蕉の心遣いがうれしい。
太融寺は霊場としての顔も持つ。新西国三十三カ所霊場二番、近畿三十六不動尊六番、おおさか十三佛霊場八番、大阪三十三カ所観音めぐり一番などの札所としてよく知られている。

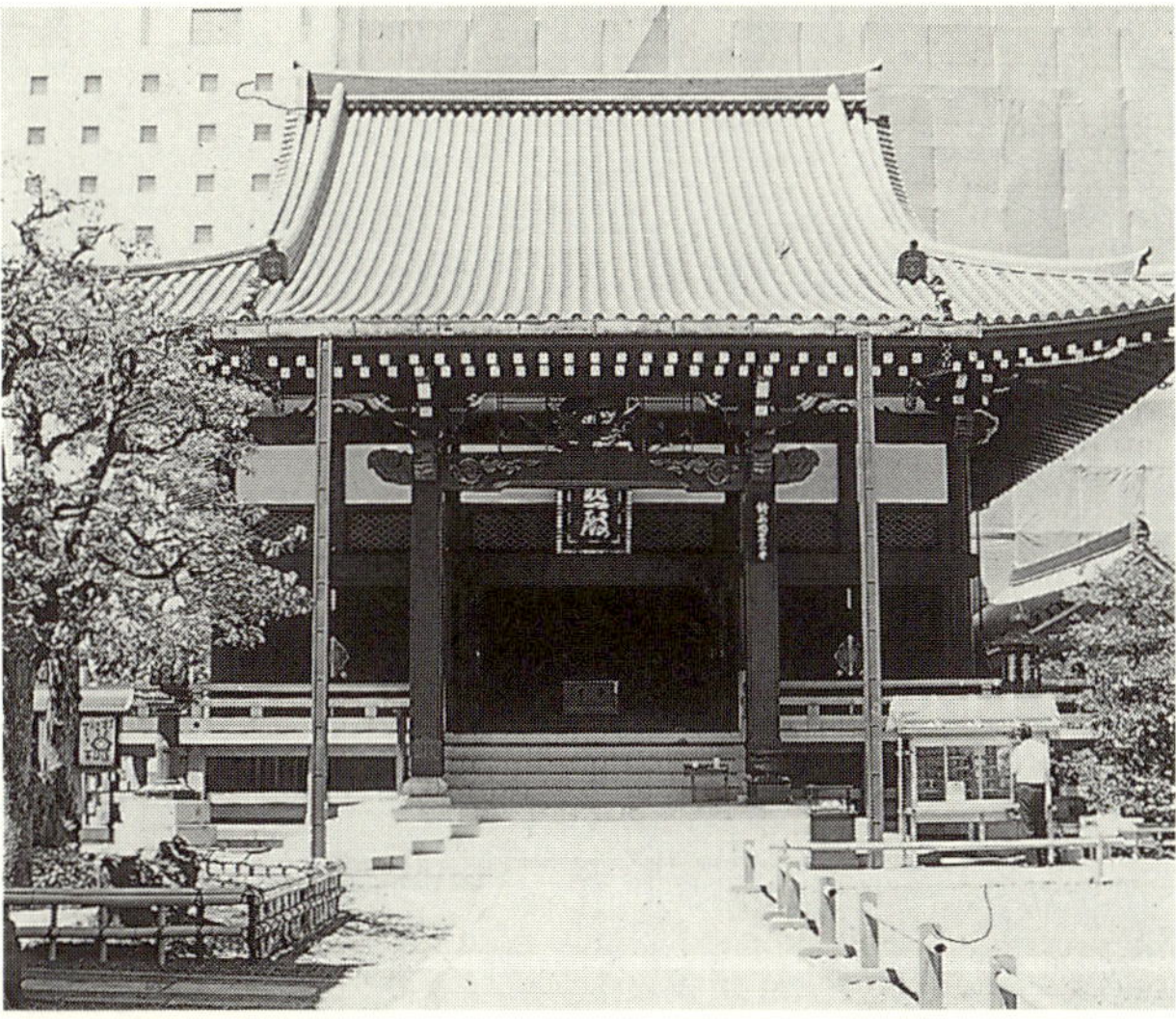

さて琴石翁。太融寺をめぐる歴史とその寺歴は現代へと受け継がれた。そしてわれわれはさすらうように巡りを繰り返している。この巡る世相をどこまで予想していたのですか？

（明）

「東北之方」　220／221

100 源光寺

行基開祖、法然上人が復興

源光寺について分かったことを史料の古い順から紹介しよう。『摂陽群談』（一七〇一）によると、ここは天平勝宝年間（七四九〜七五七）に、行基が火葬を始めた古跡。その傍らに堂を建て、木石土の三体の仏像を祀った。その後、建武四（一三三七）年に融通念仏の高僧法明上人が播磨国加古の念仏堂から阿弥陀如来の画像を奉じ、ここの本尊として祀り、難波の北方の霊場として多くの信仰を集めたという。『摂津名所図会』（一七九六）でも同じような縁起が記されている。

しかし手近にある辞書、『大阪史蹟辞典』（一九八六）や『大阪府の地名』（同）では、これとは異なる話がなされている。どちらも「寺伝によると」とあり、ほぼ同じような記述。天平時代、稲野長者と入江長者の二人の重体の娘を行基が救ったという。これに感謝して土地を寄進し、天平十九（七四七）年に聖武天皇の勅願寺として行基が開いた平生寺が源光寺の前身だという。その後、承元三（一二〇九）年に法然上人が荒廃している寺を復興し、この時に寺号を源光寺と改めたと。

この説明の後に、『摂津名所図会』に出てくる播磨国加古の念仏堂から持って来られた阿弥陀如来画像の話が出てくるのである。

『摂陽群談』や『摂津名所図会』ではまったく見えない稲野長者と入江長者の娘の話、法然上人のことなど、『大阪史蹟辞典』や『大阪府の地名』は何を根拠にしているのか……。

調べることは面白いもので、この根拠らしいものに出合った。『西成郡史』（一九一五）と『大阪府全志』（一九二二）である。ここでは稲野長者、入江長者の話。最初の寺号は平生寺。法然上人復興の時に源光寺と改めたと。続けて播磨国からもたらされた阿弥陀如来画像の話が続く。

これらのことから、江戸時代の初め頃には行基を起源とし、本尊の画像が播磨国からもたらされたという伝えがあったのだろう。

　江戸時代の終わり頃から明治初期にかけて、寺の興隆と、融通念仏から離れるにつれ、行基開祖に加え、稲野長者と入江長者、法然上人のことなど、それまでの縁起にはなかった新たな話が加わり、本尊の画像の来歴は付け足しのようになってしまったのだろう。このような様子を記したのが『西成郡史』や『大阪府全志』である。

　源光寺案内ではなく、源光寺縁起の考察になってしまった。ご海容くだされ。（伊）

101

天満蔬菜（あおもの）市場

大坂一の集荷力誇る

季節の風物詩として、初物の野菜などが卸売市場でせり落とされている光景が、ニュースで流されることがある。このような光景は、現代だけのものではなく、江戸時代からあった。

大坂の青果物の卸売市場といえば、天満の青物市場である。承応二（一六五三）年に京橋南詰から、大川北岸の天神橋から龍田町までの間に移転してから、戦前までの約三百年間その場所にあった。

伴源平によると、年頭の東風菜（「なずな」のこと）から年末の牛蒡、大根まで一年中賑わっていたといい、とくに筍、松茸、西瓜、蜜柑の市が盛んだったという。大坂近郊の農村で栽培された野菜や各地の特産物が運び込まれ、大坂市中の仲買や八百屋などに売りさばかれていった。

大川沿いの浜通りには青物問屋が軒を連ね、店先では、たくさんの仲買が群がってセリが行われていた。また、浜には荷物を積んだ船が発着し、納屋には商品が積み上げられていた。その他に近郊農村から荷物を担いで来た農民が野菜を売る立売場もあった。江戸時代の後半には天満の市場を通さない近郊農村独自の流通も活発になり、難波村には百姓市もできた。

それでも、天満の市場は大坂一の集荷力を誇っていた。天満の市場の周辺には、野菜や果物以外に乾物などの問屋も集まっていた。天神橋北詰を西に行った菅原町あたりには今でも乾物問屋があり、風情を残している。

『摂津名所図会』の「天満市之側」挿図には、毎年十二月二十四日に行われる紀州蜜柑の夜市の光景が描かれている。正月用の蜜柑が売られたのであろう。

紀州蜜柑は、江戸時代に紀州藩の特産物として江戸や大坂などの大都市を中心に売られていた。落語「千両みかん」は、船場の豪商の息子が真夏に病気になって蜜柑を食べたがり、番頭が天満の蜜柑問屋でやっとひとつ見つけ出したが、千両という大金を吹っかけられ、入手した蜜柑をそのまま持ち逃げするという話である。当時から蜜柑が町人に好まれた果物であったことやその季節感がよく表れている。

天満の市場では、それぞれの野菜や果物について、例えば茄子は五月から、西瓜は六月からといったように取り扱う時期が決まっていた。やはり食べ物は季節感が大切なのだと思わせてくれる。　（八）

102

仏照寺別院

天満の本願寺

仏照寺別院は真宗大谷派に属する寺院で、現在の正式な名称は東本願寺天満別院という。江戸時代には天満御堂とも別称された、格式の高い真宗寺院のひとつだ。大坂の町は、真宗の最も有力な勢力である本願寺教団とたいへん深いかかわりがあった。大坂（石山）本願寺の周辺に営まれた町が、大阪の都市としての始まりとなったことはよく知られている。

これに比べると、知名度は少し低いかもしれないが、天満にも本願寺が築かれていた時期があった。石山合戦の五年後、天正十三（一五八五）年のことで、豊臣秀吉が天満に寺地を与え、本願寺を再び大坂に迎えた。

現在の造幣局の敷地のあたりだといわれる天満本願寺の広大な敷地には、たくさんの堂が立ち並び、その周辺にはやはり町が営まれた。その後、秀吉が京都の堀川に新たに寺地を与えたため、天正十九年に本願寺は京都に移転。わずか六年という短い期間で、天満本願寺はなくなったが、天満の町は変わらぬ賑わいを見せ、大坂城の城下町として、大きく発展していくことになる。

この天満別院は、東本願寺の初世門主である教如が、天満本願寺の旧地であることを記念して、慶長六（一六〇一）年（一説には慶長十六年）に建立したと伝えられている。北御堂や南御堂のように、有力寺院の僧侶が交替で御堂を運営する輪番制をとらずに、仏照寺祐恵とその子孫に、代々御堂の番を任せたことから、仏照寺とも呼ばれた。

町衆の厚い信仰を集めていただけでなく、船場の北御堂や南御堂と同じく、天満の町を象徴するランドマークのひとつであった。大塩平八郎の乱（天保八＝一八三七年）や天満焼け（明治四十二＝一九〇九年）など、たび重なる大火をくぐり抜けたが、残念ながら、第二次世界大戦で全焼した。

現在の本堂は、昭和三十五（一九六〇）年に再建された建物で、琴石が訪ねた時とは一変している。しかし幸いなことに、本尊の阿弥陀如来は難を逃れた。慶長十六年に本願寺から与えられたと伝える身の丈一メートルほどの木像は、穏やかな定朝様をとりながら、お顔や衣の文様などに、写実的で冴えた彫技を見せる美作である。製作年代は鎌倉時代にさかのぼると思われ、往時の天満別院のありようを偲ばせてくれる。（慎）

「東北之方」 226／227

103 天満神社

親しまれる「天神さん」

天満神社と聞いてすぐに分かる人は少ないかもしれないが、「天満の天神さん」といえば知らない人はいないだろう。日本三大祭のひとつに数えられる天神祭をはじめ、正月の初詣でや受験シーズンの合格祈願など、今日も大勢の人が訪れる。しかし、天神さんは信仰の対象であるだけでなく、娯楽の場としても人々に親しまれていた。

江戸時代の天神さんには昔噺あるいは軍書講釈の小屋が建ち、放下・品玉・軽業といった曲芸や手品、時行唱歌（はやりうた）の読売などが演じられていた（『浪華の賑ひ』）。最近、大道芸が各地でちょっとしたブームになっているが、天神さんでは当時すでに大道芸が盛んだったのである。

また、明治十（一八七七）年に南森町で生まれた二代目旭堂南陵氏によると、子どものころに天神さんの境内でさまざまな大道芸を見たという（『なにわ拾遺』）。たとえば白米社《しらよね》の前には「砂がき親父」と呼ばれる芸人がいた。手に握った砂で阿倍仲麻呂の絵を描き、さらにその口から「天の原ふりさけみれば春日なる」の歌を書く。そして最後に歌を下から逆書するというもので、その技は芸術的であった。また飴売りの夫婦は、木魚・三味線などの鳴り物入りでシチャラカポコポコ、スットコドッコイなどと歌っていた。当時、このシチャラカポコポコの歌は大阪中ではやったという。

「摂州天満宮社内之図」（大阪天満宮蔵）は、明治中期頃の境内の様子を描いたものであるが、御本社の東には人垣ができ、そのなかで二人が何かを演じている。前述の飴売りであろう。この図にはさらに「のぞきからくり」や「ガマの油売り」などもみえ、境内の賑わいがうかがえる。一方、裏門を出たところには、今はもうないが、浪花節の国光席をはじめ、落語や講

談の定席などが並んで興行街を形成していた。このなかのひとつが文芸館、つまり、のちの花月であった。吉本興業発祥の地である。

近年、天満宮の北に落語の定席である天満天神繁昌亭ができた。娯楽の場としての天神さんを復活するものである。

（新）

104

明星池

星にまつわる天満三池

明星、すなわち金星の名を冠した池は、大阪天満宮の北約三百五十メートルの地にあった。あった、というのは現在は存在しないからである。この地域は上町台地の北端に続く天満砂堆の一部で、古来より周囲を河川や海に囲まれた沼沢《しょうたく》の地であった。

市街地を形成した後も、天満宮の周辺には「明星」「星合」「七夕」の池が残っていたことが古地図から分かる。天満の三池とも呼ばれ、いずれも星にゆかりの名である。これは天満宮の創建以前からこの地にあった「星辰信仰《せいしん》」(星を神格化し、人間の運命をつかさどるとする信仰)に由来するものと考えられ、それぞれに星にまつわる伝承が残る。

明星池については、一夜にして池のほとりに松の大樹が生じ、こずえに明星が降臨し、その光が水面に輝いたと伝わる。遅くとも江戸時代の終わりまでには埋め立てられたようで、明治期の地図では所在は確認できない。

では、琴石の描いた「明星池」は何を指すのか。写真をご覧いただきたい。周囲に建物が迫ってはいるものの、鳥居や橋の位置関係は明治十五(一八八二)年の図のままである。池の名は星合《ほしあい》の池、橋は星合橋。天満宮の北に小道を隔てて位置する。鳥居はひとつしかないが、安永八(一七七九)年の銘があり、琴石もこれを描いたことが分かる。

つまり『大阪名所独案内』には、明星池として星合の池の図が紹介されているのである。天満の三池は、星にちなんだ伝説が原因してか、江戸時代に既に三者が混同されていたようで、『摂津名所図会大成』にもそれが指摘されている。ちなみに、星合の池の端に立つ由来書には、明星池と同種の伝説が記されている。

さて、その星合の池である。江戸時代後期には星とはかかわりのない店舗や芝居小屋などが周囲に並んで、賑やかなさまが『東海道中膝栗毛』などに描かれている。一帯は明治になって南の千日前、西の松島と並ぶ歓楽街に成長した。後にはあの吉本興業もこの地で誕生している。戦後はその面影も失われて久しかったが、平成十八（二〇〇六）年、境内の一郭に落語専門の定席として天満天神繁昌亭がオープンし、往時の賑わいを取り戻しつつある。

星合橋を渡ると、『大阪名所独案内』にも述べられている宇賀社の祠が梅の木陰にひっそりとある。平成五（一九九三）年からは、商店街の発案で、毎年七月七日に「星愛七夕祭り」が催され、現代の七夕伝説が誕生している。（野）

105

女夫池妙見祠

縁日には終日参拝客

「妙見さん」といえば、関西では北摂の能勢妙見が広く知られる。妙見山頂にあり、在地の旗本・能勢氏ゆかりの妙見大菩薩を祀る。妙見菩薩は北極星を神格化したもので、国土を守り、災いをよけるとされる。特に日蓮宗の寺院で多く祀られ、能勢妙見も日蓮宗真如寺に属す。

「女夫池《めおといけ》の妙見さん」は、女夫池を埋め立てた地に能勢氏の蔵屋敷を建てる際、能勢から妙見菩薩を勧請して始まったという。能勢妙見堂は明治十八（一八八五）年に一般公開とあるから、十五年の『大阪名所独案内』出版時、大阪の人々には、こちらの妙見さんのほうが身近な存在であったはずである。

霊験あらたかなお姿に老若男女が集い、縁日の午《うま》の日には終日参拝客が絶えなかったという。図によるとかなり広い境内のようで、いくつもの祠が描かれている。ただし、手前に大きく鳥居が見えるように、江戸時代の神仏混交の名残か、多分に神社の風を呈していたようだ。

女夫池は二つ並んだ池であったことが、古地図や文献などから分かる。天神橋筋の北方、今の地下鉄扇町駅南口のあたりというが、二つの池の位置関係には諸説があり判然としない。近松門左衛門の『津国女夫池』にも描かれていたりするが、最終的には天保九（一八三八）年の堀川の北東方向への延伸で消滅した。

後に堀川をまたいで、天神橋筋に架かった橋に夫婦橋の名が残った。ここは前回訪ねた、星伝説が残る天満の三池からさらに北方になる。後世、この地に妙見（北極星）菩薩が祀られ、篤く信仰されたのも何かの縁であろうか。

現在、堀川は埋め立てられ、上に阪神高速が走る。役割を終えた夫婦橋は撤去され、跡には石の〝夫婦〟

像と地蔵尊が設置されている。このあたりは高速道路の高架下のために昼なお薄暗く、今では星の姿など望むべくもない。

一方、「妙見さん」の方は、見事に守られて現存している。旧夫婦橋の地点より東へ約百メートル、車道に南面して突如現代風のお堂が現れる。普段、扉は閉まっているが、能勢家の矢筈《やはず》十字の紋と妙見大菩薩の額によってそれと分かる。東に隣接するのが日蓮宗正善院のビルであるが、一階が美容室というのが二十一世紀らしさなのだろうか。

（野）

「東北之方」

106 鶴満寺

百体の観音、特異な鐘

日本で一番長いといわれる天神橋筋商店街。その北端に位置する天六から少し東へ行ったところに鶴満寺は位置する。

寺の創建については詳らかではないが、一時廃れていたのを、延享元（一七四四）年に京都の上善寺から忍鎧《にんがい》上人を招いて中興されたと伝える。

境内には本堂・観音堂・鐘楼《しょうろう》などが建ち、このうち観音堂は関東・西国の各巡礼所から寄せられた百体の観音像が安置され、百体観音堂と呼ばれていた。また鐘楼の梵鐘は、「太平十年」という銘があり、現在国の重要文化財に指定されているが、その形状が特異なことから当時から評判となっていた。「太平」は中国東北部において十世紀に建国した遼の年号で、同十年は日本では長元三（一〇三〇）年に当たる。

また、しだれ桜の大きな樹があり、花の盛りには文人墨客が大勢訪れて風流を楽しんでいた（『浪華の賑ひ』）。『摂津名所図会大成』の挿図には、立派なしだれ桜のまわりで人々が花に興ずる様子が描かれている。

上方落語の中にも、当寺の桜を題材にした、その名も「鶴満寺」という噺がある。花見どきに寺を留守にすることになった和尚は寺男に、風流人や歌詠み以外は境内へ入れないようにと注意をして出かける。しかし、寺男の知り合いが花見にやってきて、はじめは断っていたものの、心づけを渡されると、つい招き入れてしまい、挙句に花見客と一緒になってドンチャン騒ぎを始める、というものである（『米朝ばなし　上方落語地図』）。落ちは落語を聞いて確かめてもらうとして、古くから桜の名所として知られていたわけである。

森琴石が見たのは、このような鶴満寺であった。しかし、境内はその後一変し、しだれ桜も失われて今は

ない。わずかに、本堂前の鐘楼に釣られた梵鐘が往時の面影を伝えている。なお、現在の観音堂は昭和八（一九三三）年に再建されたもので、入母屋造・妻入の屋根の上に八角形の楼閣が載り、その独特な姿は印象的である。（新）

107 桜宮神社

大坂の花見のルーツ

環状線でいうと「桜ノ宮」だが、駅名の元となった桜宮神社は桜宮橋東詰交差点から北に二百メートル、大川の東岸に添うように建つ。

もとは東方約一キロの桜小橋あたりにあったのだが、元和元（一六一五）年の旧大和川洪水によって社殿が流され、この付近に漂着したらしい。そこで宝暦六（一七五六）年にあらためて現在の堤上に造営され、名前にちなんで桜が植えられたという。琴石の版画には、季節はずれのせいか桜花は描かれていないが、春弥生の頃には「雪か雲かと疑うばかりの美景」であったそうな。今も対岸の造幣局とともに、大川両岸に四キロにわたって桜並木が連なり、春ともなればたいへんな人が繰り出す名所である。

さて、桜と言えば花見である。もとは春の農作業に先駆け、集団で共同飲食するという信仰的要素が強い行事であったらしい。しかし、いつの間にやら桜の下でのドンチャン騒ぎになった。江戸や京・大坂など、都市部ではすでに江戸時代の初め頃に庶民の間で定着していたようだ。今では東京の上野公園が風物詩としてとりあげられるが、もともとは太閤秀吉の醍醐の花見しかり、吉野山しかり、花見のルーツは関西にあった。大坂では桜宮である。

その様子を落語の世界にのぞいてみよう。「貧乏花見」では、長屋の連中がごちそうに見立てた総菜を持ち寄り、酒肴欲しさに打った喧嘩芝居が本当になって大失敗。「百年目」では堅物の番頭が実はたいそうな遊び人で、大川に浮かべた豪勢な舟遊びをお店《たな》の旦那に見つかって青くなり、はては「桜の宮」で芝居仲間の三人が花見の趣向にと、あだ討ち芝居を仕掛けたつもりが本物の助太刀が現れて大騒ぎ。どれも他愛のない生活のひとこまであるが、何としても花見を楽しみたいという大坂庶民の活力が伝わってくる。

テレビに映し出される酔客にまゆをひそめることもある。しかし左党の私としては、春の到来を喜ぶのは本能である、人間の営みは昔から大して変わっていないのだ、といったら寛容過ぎようか。桜の終わった桜宮は訪れる人も少なく、ひっそりと来年の春を待っている。（松）

「東北之方」　236／237

108 造幣局

西洋風工場で製品産出

文・伴源平、画・森琴石のコンビで、大阪市中を中央部から東南西北と、時計回りに巡覧してきた名所案内も、大尾に近づいた。行き着いたのは大阪の町を潤して水運の船を浮かべ、また時には洪水で水浸しにした淀川水系のゆったりと開けた大川左岸のほとりである。

歩を進めると、川面に影を落として対岸に大きくわだかまる工場がぱっと目に入る。造幣局である。この印象は百二十年余を経た今も変わらない。ただ、巨大ではあるが煙も漂わず、衛生的で病院然とした現在の白っぽい建築に比べると、明治の造幣局は規模こそ劣るが、林立する煙突から四時もくもくと煙を絶やさぬ、石と煉瓦《れんが》と木造洋館の塊であった。そして、市中広しといえども、当時これに勝る大建築群はどこにも見られなかったことが、今日からは想像すらできぬ黒々とした瓦屋根の街大阪の実像なのである。

幕末期の開港に伴って混乱を極めた貨幣制度を立て直し、統一貨幣を製造する造幣官署を設立することが明治新政府にとっては焦眉《しょうび》の課題であった。閉鎖状態にあるイギリスの香港造幣局の機械一式を、六万両で購入する契約を結んだのは明治改元の直前である。

機械と建築資材の到着を待って、明治元（一八六八）年十一月に着工し、明治四年閏二月に至って盛大な創業式を挙行した。翌日から三日間工場を一般に開放したが、見学者が引きも切らず、町家では戸ごとに提灯を掲げてのお祭り騒ぎであったという。それもそのはずで、造幣局（一時造幣寮に改称していた）は人々が見たこともない西洋風近代工場であった。そこでは、金銀貨の鋳造はもとより、銅の精錬、コークスやガスの製造、硫酸・ソーダ類の生産など、近代工業のさまざまな製品を産出し続けた。もともと自給自足のための産品であったが、頻繁に払い下げが行われ、また技術の民間移転も進んで、大阪が工業都市となる力強い牽引車の役割を造幣局は果たした。明治十六年から桜の「通り抜け」も始まり、官営工場ながら大阪市民に親しまれる存在となっていたのである。

ウォートルス設計の重厚な石造建築、金銀貨幣鋳造場の正面は旧ユースアートギャラリーの一部となっており、また明治天皇命名の応接所「泉布観」も当時のままの姿を伝える。この造幣局の建築群は、錦絵にたびたび描かれる大阪の新名所であり、琴石も何度も描いた。特に明治十年に先人の図を改めた「改正大阪区分細見図」という地図では、堂々たるその雄姿を図中に大きく描き入れている。（熊）

移築された金銀貨幣鋳造所正面

109 天神祭

文明開化と伝統を対比

明治の大阪名所を紹介する『大阪名所独案内』。本書は伴源平の文章と森琴石の銅版画挿絵があり、私たちも琴石翁とともに浪華の市中をめぐってきた。本書冒頭に掲げられるのは仁徳天皇の高津宮の絵（実は『摂津名所図会』の写し）と「……民の竈《かまど》はにぎはひにけり」の歌。その後の足どりは市内の中央部から始まり、東、東南、南、南西……の順で東北方面へと時計回りにぐるり大阪を一周した勘定だ。

大阪天満宮自体は別にイラストと解説があって既に紹介した（二二八頁）が、天神祭を別格で最後に登場させたのは、華麗に本書の幕を閉じるグランド・フィナーレの演出だろう。イラストの大きさも二頁を費やし普段の倍ある。

東京、京都とならぶ三都大阪の勇壮華麗な天神祭。その景況は十分には描写できないとし、文章も短い。確かに美術においても、祭の賑わいや興奮を一枚の絵に凝縮して描くのは難しい。モチーフはドラマチックでも、絵画はあくまで祭の一瞬を切り取り、音のない静的な画面上に再現したものなのである。

天神祭を琴石はどう描いたか。画面中央を船渡御の船団が横切り、梅鉢の紋、催太鼓や御神輿の船が見える。今は地盤沈下で下流の橋をくぐることができず、昭和二十八（一九五三）年より難波橋、天神橋、天満橋の浪花三大橋の上流へさかのぼるようになったが、当時の船渡御は、中之島の鉾流橋から下流の西区松島の御旅所へ進んだ。船団はちょうど鉾流橋付近を出たところだ。手前の岸は茶店あり見物ありで、あふれ返る。

背景の鉄橋は『大阪名所独案内』に登場した難波橋。当時は中之島を挟んで二分され、現在より一つ西側の通りにかかっていた。文明開化の鉄橋と古式ゆかしき伝統の祭礼の対比。神聖な船渡御の間、橋上の通

写真提供／登野城弘

行は制限され、イラストにも橋のたもとで棒を振り上げ整理する巡査がいる。鳥居は『大阪名所独案内』も紹介済の中之島時代の豊国神社。付近の料亭や茶店は一階も二階も人でいっぱいだ。

琴石も天神祭の船渡御をエネルギッシュに描こうとする。しかし全体的な印象は、熱狂的な気分の再現より、どこかかわいらしく、モチーフが整然と並ぶ構図と稠密な描写にこの画家特有の気品が漂う。きまじめで温厚な人柄の反映した琴石の天神祭である。（橋）

あとがき

見慣れたビルがいつの間にかなくなり、あちこちに超高層ビルが、雨後の筍のようにニョキニョキと生えてくる。街の形が急速に変化していることは誰の目にも明らかである。街の変化は近年特有の出来事のようにも思える。しかし、江戸時代の世界から、急速に近代化を目指していた明治初期の大阪でも現代社会と同様、変化の連続であった。『大阪名所独案内』で、森琴石が絵をもって紹介した百件を超える風景のうち、約三分の二は過去から続いてきた「名所・旧跡」であるが、残りの三分の一は明治維新以降、近代国家の成長過程で創出された施設である。消えつつある過去の風景に心を寄せながらも、生成しつつある新たな大阪にも目をそむけることなく、眼前に展開する生きている街を冷静に観察し、記録している琴石の態度は立派である。

本書は平成十四（二〇〇二）年五月十六日から平成十六年七月二十九日まで、二年二カ月間、百十回にわたって『大阪日日新聞』に「森琴石と歩くおおさかの町——明治15年から21世紀に」と題して、連載した原稿をもとに編集したものである。連載のきっかけとなったのは、美術全般、とくに明治初期の銅版画や印刷物に深い造詣をお持ちの熊田兄が、『大阪名所独案内』を、居合わせた橋爪氏と私にやや自慢げに紹介した日にさかのぼる。二〇〇二年の春であった。熊田兄から手渡された小冊子、美しい挿図を見せられた二人は、この本を片手に、森琴石の描く風景を現代の私たちが歩いてみたら面白かろう。琴石にたよるだけではなく、現代の視点から私たちも何か書き残せないかと。大阪の名所なので、大阪市で働く学芸員仲間で手分けして歩いてみようということになった次第である。専門とする分野は各人まちまちであることは、文章をお読みいただければ明らかであろう。一書に成すにあたって、あえて文体、表現など統一しなかったことによって、個人の興味や学識、個性が表れていることと思われる。

毎週、各人から送られてくる原稿について、事実誤認がないか、今日的な常識に照らし合わせて不適切な表現がないかという視点も踏まえ、われわれのつたない文章に目をとおして下さった最初の読者、大阪日日新聞の担当記者大山勝男さんにまず感謝したい。

さらに、出版事情の悪いなか、本書の出版を引き受けていただいた東方出版、ならびに、個別ばらばらの原稿をこのような本の形に編集して下さった北川幸さんに深謝したい。

伊藤　純

執筆者紹介（アイウエオ順）

伊藤　純（いとう　じゅん）→（伊）
1956年生　大阪歴史博物館（執筆時は大阪市教育委員会文化財保護課）

岡村　勝行（おかむら　かつゆき）→（岡）
1961年生　大阪市文化財協会（執筆時は大阪歴史博物館）

小川　知子（おがわ　ともこ）→（小）
1964年生　大阪市立近代美術館建設準備室

熊田　司（くまだ　つかさ）→（熊）
1949年生　大阪市立近代美術館建設準備室

櫻井　久之（さくらい　ひさし）→（桜）
1963年生　大阪市教育委員会文化財保護課（執筆時は大阪市文化財協会）

新谷　昭夫（しんたに　あきお）→（新）
1954年生　大阪市立住まいのミュージアム

菅谷　富夫（すがや　とみお）→（菅）
1958年生　大阪市立近代美術館建設準備室

鈴木　慎一（すずき　しんいち）→（慎）
1966年生　大阪市教育委員会文化財保護課

鈴木　幸人（すずき　ゆきと）→（幸）
1966年生　北海道大学文学研究科（執筆時は大阪市立美術館）

野村　恵子（のむら　けいこ）→（野）
1959年生　大阪市立東洋陶磁美術館

橋爪　節也（はしづめ　せつや）→（橋）
1958年生　大阪大学総合学術博物館（執筆時は大阪市立近代美術館建設準備室）

船越　幹央（ふなこし　みきお）→（船）
1964年生　大阪歴史博物館

松本　百合子（まつもと　ゆりこ）→（松）
1965年生　大阪市立海洋博物館 なにわの海の時空館（執筆時は大阪歴史博物館）

明珍　健二（みょうちん　けんじ）→（明）
1959年生　花園大学文学部（執筆時は大阪市立住まいのミュージアム）

八木　滋（やぎ　しげる）→（八）
1969年生　大阪歴史博物館

森琴石と歩く大阪
——明治の市内名所案内

2009年8月5日　初版第1刷発行

編　者——熊田 司・伊藤 純

発行者——今東成人

発行所——東方出版㈱
〒543-0062　大阪市天王寺区逢阪2-3-2
Tel.06-6779-9571　Fax.06-6779-9573

装　幀——森本良成

印刷所——亜細亜印刷㈱

落丁・乱丁はおとりかえいたします。

ISBN978-4-86249-143-5

史跡名所探訪**大阪を歩く** 大阪市内編　林豊　1200円

大阪まち散歩　黒田彦二画・文　1800円

大阪の祭　旅行ペンクラブ編　1500円

大坂見聞録 関宿藩士池田正樹の難波探訪　渡邉忠司　2000円

近世「食い倒れ」考　渡邉忠司　2000円

大坂町奉行所異聞　渡邉忠司　2800円

大坂町奉行と支配所・支配国　渡邉忠司　2800円

豪商鴻池 その暮らしと文化　大阪歴史博物館編　2000円

四天王寺聖霊会の舞楽　南谷美保　2800円

＊表示の値段は消費税を含まない本体価格です。